뇌가
섹시해지는 책

도미니크 오브라이언의
기억력 연습 노트

이 책을 만드는 데 도움을 준 밥 색스턴, 저스틴 포드, 나오미 워터스,
조이 스톤 등 던컨 베어드 출판사 팀에게 감사를 전한다.

도미니크 오브라이언의
기억력 연습 노트

뇌가
섹시해지는 책

도미니크 오브라이언 지음

김지원 옮김

비전코리아

저자의 말

나는 모든 사람들까지는 아니라도 많은 사람들에게 '암기왕'이 될 자질이 있다고 믿는다. TV 쇼와 강연에서, 레스토랑 같은 곳에서 즉흥적으로 일반 대중을 가르쳐보면 사람들은 자신의 기억력이 즉시 달라지는 것에 깜짝 놀라곤 한다. 그들이 기억력을 높이기 위해 한 일이라고는 이 책에 나와 있는 '기본 기술'을 사용한 것뿐이었다.

한두 페이지 정도 설명의 간단한 기술을 통해 누구나 나이와 상관없이 기억력을 높일 수 있다. 기억력 훈련을 처음 해본다면 이 기술이 아주 간단하다는 사실에 굉장히 놀랄 것이다.

가능한 한 이 책의 연습과 테스트들을 전부 해보자. 답을 쓰고 자신의 점수를 기록할 공책도 하나 준비하자.

점수는 초급, 중급, 고급의 세 수준으로 나눠진다. 초급은 딱히 기억력을 높이는 기술을 사용하지 않고도 얻을 수 있는 점수이다. 중급이 1차 목표 점수대이고 고급은 전문가 수준이다. 이 점수를 통해 연습을 하지 않은 보통 사람들과 비교할 때 자신이 얼마나 잘하고 있는지 알 수 있으며, 한 단계 한 단계 거칠 때마다 기억력이 얼마나 좋아지는지도 확인할 수 있다. 처음에 점수가 아주 낮거나 너무 어렵다고 걱정할 필요는 없다. 몇 개는 애초에 까다롭게 만들어진 거니까! 연습과 테스트를 반복하자. 기억력은 훈련을 통해 더 발전하는 능력이다. 반복할수록 특정 정보를 더 쉽게 기억하게 되고 전반적인 기억력이 향상된다.

1장에서는 자신의 현재 기억력 수준을 평가하고 매일 사용할 수 있는 기본 기억력 향상 기술을 소개한다. 2장에서는 이런 기본 방법을 실용적인 분야에 더 넓게 적용해본다. 예를 들어 이름과 얼굴, 인용문을 외우는 방법 등이다.

3장에서는 기억력을 한 단계 더 높여 지금까지 배운 여러 기술을 합쳐서 더 복잡한 정보를 외워본다.

4장에 이르면 이제 당신의 기억력은 아주 어려운 단계에 도전해볼 수 있을 만큼 향상되었을 것이다. 책 마지막에는 1단계에서 얻은 점수보다 얼마나 발전했는지를 알아볼 수 있는 몇 개의 테스트가 실려 있다.

한 단계 한 단계마다 충분한 시간을 투자하라. 이 책에 나오는 방법들은 재미있을 뿐만 아니라 도전정신까지 불러일으킨다.

차례

저자의 말   <u>4</u>

1장
기억력을 높이는 기본 기술

Step 01   내 기억력 테스트하기   <u>12</u>

Step 02   관찰하여 시각화하기   <u>17</u>

Step 03   머리글자만 따서 외우기: 두문법   <u>20</u>

Step 04   숫자를 문장으로 바꾸기   <u>23</u>

Step 05   신체 부위에 붙여 외우기: 신체 기억법   <u>26</u>

Step 06   기억의 첫 번째 핵심 열쇠: 연상   <u>29</u>

Step 07   연결하고 또 연결하기: 링크법   <u>32</u>

Step 08   기억의 두 번째 핵심 열쇠: 장소   <u>35</u>

Step 09   기억의 세 번째 핵심 열쇠: 상상   <u>38</u>

Step 10   동선 따라 정보 기억하기: 여행법   <u>41</u>

Step 11   알파파와 세타파로 집중력 높이기   <u>48</u>

Step 12   숫자를 이미지로 바꾸기: 숫자-모양 기억법   <u>51</u>

Step 13   숫자를 발음으로 바꾸기: 숫자-발음 기억법   <u>56</u>

Step 14   음성기호로 알파벳 외우기: 알파벳 음성기호 기억법   <u>59</u>

2장
일상생활에서 활용하는 기억력 기술 [초급]

Step 15   그의 이름이 기억나지 않는다면   64

Step 16   길을 물어볼 때 써먹는 기술   69

Step 17   알파벳 스펠링이 뭐였지?   74

Step 18   불가리아의 수도는?   77

Step 19   외국어가 어렵다는 건 편견   80

Step 20   과거로 시간여행하자   84

Step 21   인의 원자번호는 몇 번일까?   87

Step 22   요가 동작이 기억나지 않아   90

Step 23   도미니크 기억법 I   93

Step 24   유머왕이 되는 농담의 기술   100

Step 25   그 소설은 무척 재밌었지   103

Step 26   핵심 정보만 쏙쏙 빠르게   106

Step 27   인용문만 알아도 멋있어 보인다   109

Step 28   자신만의 마인드맵 만들기   113

Step 29   대본 없이 강연하고 싶다면   118

Step 30   오래 기억하고 싶다면 복습이 최고   122

3장
조금 더 복잡한 정보 외우기 [중급]

Step 31 도미니크 기억법 II   128

Step 32 메모지 없이 통화 내용 기억하기   132

Step 33 도미니크 기억법 III   136

Step 34 트럼프 카드를 모두 외운 챔피언의 비법   141

Step 35 1953년 2월 13일은 무슨 요일일까?   146

Step 36 인간이 처음 달에 간 연도는?   154

Step 37 단골 미용실 전화번호쯤은 알아둘 것   157

Step 38 신문기사는 복잡하다고?   162

Step 39 1997년 아카데미 수상작은?   165

Step 40 핵심 이미지를 활용하자   169

4장
기억력 최고 단계에 도전 [고급]

Step 41 여행 안의 여행 떠나기 · 176

Step 42 1808년에는 어떤 일이 일어났을까? · 180

Step 43 기억 속에 기억 저장하기 · 183

Step 44 30분 만에 3,705자리 이진수를 외운 방법 · 187

Step 45 사전을 통째로 내 머릿속에 · 191

Step 46 더 복잡한 여러 벌 카드 외우기 · 195

Step 47 그 손님이 어디에 앉았더라? · 199

Step 48 스트레스는 기억력의 가장 큰 적 · 203

Step 49 퀴즈 게임에서 절대 지지 않는 법 · 207

Step 50 이 정도 게임은 식은 죽 먹기 · 210

Step 51 이제 숫자는 두렵지 않다 · 213

Step 52 내 기억력은 이제 어느 정도일까? · 217

끝맺는 말 · 222

기억력은 세 부분으로 이루어진다. 기억하기, 저장하기, (정확하게) 떠올리기.

훈련을 시작하기 전에 기억력은 완벽하게 개발할 수 있는 능력이라는 믿음을 가져야 한다. 흔히 사람들은 '체로 거른 것처럼' 드문드문 기억난다는 이야기를 하지만 기억력은 연습하기에 따라 월등히 좋아질 수 있다. 이번 장에서 기본 기억법을 익히면 곧 어떤 일이나 숫자, 물건, 사건, 장소와 사람들을 기억하는 힘이 점점 강해질 것이다.

이 장은 현재의 기억력 수준을 평가하는 테스트에서부터 시작된다. 그다음에는 두문법과 신체 기억법처럼 기본 기술을 배울 텐데, 간단하고 가벼운 정보를 외우는 데 유용하다.

계속해서 연상, 장소, 상상을 이용해 외우는 기술과 숫자-모양·숫자-발음 기억법도 살펴본다. 열심히 연습해 완전히 자기 것으로 만들자.

1장

기억력을 높이는 기본 기술

내 기억력
테스트하기

자신의 기억력이 영 못 미덥다고 생각하든 아니면 나쁘지 않다고 여기든 실제로 당신의 기억력은 꽤 좋을 것이다. 다만 진짜 능력을 어떻게 끄집어내 써야 하는지 가르쳐준 사람이 없었을 뿐이다. 사람들의 이름을 잊어버리거나 지갑을 어디 뒀는지 생각이 안 나며 신용카드의 새 비밀번호를 깜박하면 차츰 기억력에 의심이 들게 마련이다.

첫 단계에서는 여러 테스트를 통해 현재의 기억력이 어느 정도 수준인지 살펴볼 것이다. 공책을 하나 준비해 답을 쓰고 점수를 계속 기록하자.

처음에 점수가 나쁘더라도 걱정할 필요 없다. 완벽한 기억력을 향한 이 52단계 여행의 처음 몇 단계만 지나도 빠르게 좋아지는 것을 깨달을 테니까 말이다.

테스트 1: 단어

3분 동안 아래 단어 스무 개를 외운다. 그런 다음 최대한 많은 단어를 기억해서 써보자. 순서는 중요하지 않다. 정확하게 쓴 단어 하나당 1점씩 계산하고 다음 테스트로 넘어가자.

**나무 시간 얼굴 천둥 머리끈
목걸이 티셔츠 자전거 텔레비전 귀뚜라미
와이셔츠 엎치락뒤치락 은하계 머릿수건
사글세 은행나무 찌개 침대 책상 책**

테스트 2: 숫자 배열

3분 동안 아래 스무 개 숫자 배열을 외우자. 이 테스트에서는 순서가 중요하다. 공책에 생각이 안 날 때까지 순서에 맞게 최대한 많은 숫자를 적어보자. 맞은 숫자당 1점씩 계산하는데 '틀리는 순간 끝'이다. 다시 말해서 스무 개의 숫자를 모두 썼지만 다섯 번째 숫자가 틀렸다면 점수는 4점이다. 그럼 시작하자!

5 0 3 6 7 4 4 0 9 2 8 2 0 5 7 6 7 1 2 9

테스트 3: 도형

3분 동안 다음의 열 개 도형을 살펴보며 나와 있는 순서대로 외우자. 그런 다음 위를 가리고 다른 순서로 나와 있는 아래를 보고 설명에 따라 테스트를 해보자.

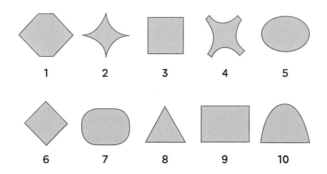

아래 도형들의 원래 순서를 써보자(즉 위를 다시 보지 않고서 순서를 떠올리는 것이다). 번호를 맞히면 1점씩이다.

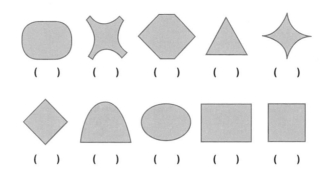

테스트 4: 이진수

3분 동안 아래 서른 개 이진수를 순서대로 외운 다음, 공책에 최대한 많은 숫자를 적어보자. 맞게 쓴 이진수 하나당 1점씩 계산한다. 이것 역시 '틀리는 순간 끝'이다. 처음 다섯 개의 숫자는 맞았지만 여섯 번째에서 틀렸다면 점수는 5점이다.

110000011011101100110101010011

테스트 5: 트럼프 카드

3분 동안 열 장의 카드를 본 다음 공책에 정확히 순서대로 적어보자. 숫자와 마찬가지로 이것 역시 '틀리는 순간 끝'이다. 틀리기 전까지 맞은 카드 하나당 1점씩이다.

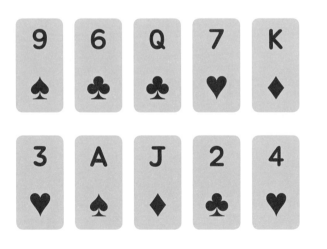

점수: 다섯 테스트에서 나온 점수를 합산한다.

최고점:90　　**초급:**20+　　**중급:**35+　　**고급:**70+

　　점수가 중급을 넘어선다면 뛰어난 기억력을 가진 것이다. 52 단계를 모두 거치면 더 놀라운 결과를 얻게 된다. 하지만 초급 수준이라도 걱정할 필요는 없다. 한 단계씩 나아갈 때마다 눈에 띄게 기억력이 좋아져 이 책을 다 읽을 무렵에는 굉장한 수준이 되어 있을 테니까.

관찰하여
시각화하기

이 책 전반에서 다양한 물체와 얼굴, 장소를 떠올려보라고 할 것이다. 어떤 사람들은 특정 사물을 완벽하게 상상하지 못하면 어떡하나 걱정하곤 한다. 하지만 사진으로 찍은 것처럼 정확해야 할 필요는 없다. 그냥 물건의 특징적인 부분만 떠올리면 된다.

판다라고 해보자. 판다의 코가 귀에 비해 얼마나 작은지 그 비율이나 햇살에 반짝거리는 털을 완벽하게 상상할 필요까지는 없다. 그냥 흑백의 털에 눈이 까맣고 뾰족한 발톱을 가진 만화 그림 같은 동물을 떠올리면 된다.

나는 단어 백 개 정도를 훑어보고 외운다고 할 때 그 물건의 한 부분만을 재빨리 떠올리려 노력하는 편이다. 신발이라는 단어에서는 신발끈만, 전화기는 내 전화기의 숫자판만 생각하는 식이다. 당신이 시각화하는 이미지는 머릿속에만 있고 바깥세상에서는 아무 의미가 없다.

　이미지 떠올리기 능력을 강화하는 방법이 몇 가지 있다. 기억력 훈련을 하면 할수록 이 능력 또한 더 좋아진다.

연습 : 관찰을 통한 시각화

관찰력과 기억의 시각화를 높여주는 훌륭한 방법이다.

① 우선 전화기나 꽃병, 주전자, 라디오처럼 근처에 있는 아무 물건이나 하나 집어라. 주전자를 골랐다고 치자. 그러면 이것을 15초에서 20초 정도 들고 가능한 한 많은 부분을 살피고 관찰하자.
② 이제 눈을 감고 머릿속으로 그 물건을 최대한 자세히 떠올려본다. 처음에는 주전자의 형태와 손잡이 모양 정도밖에는 생각나지 않을 수도 있다. 더 이상 떠오르지 않으면 눈을 뜨고 주둥이 모양이나 제조사 이름처럼 더 많은 정보를 살펴보자.
③ 다시 한 번 눈을 감고 처음에 떠올린 머릿속의 이미지에 새로 관찰한 내용을 덧붙인다. 그런 다음 눈을 뜨고 더 많은 것들을 살피자. '눈을 뜨고 – 관찰하고 – 눈을 감고 – 떠올리는' 이 과정을 계속 반복해 주전자의 특징을 최대한 많이 기억한다.
④ 이제 물건을 보지 않고 머릿속에 있는 특징들을 공책에 그려보

다음 페이지로 ·····▶

자. 다 그렸다 싶으면 머릿속의 이미지에 덧붙일 게 없는지 마지막으로 한 번 더 살펴본다.

머리글자만 따서 외우기
:두문법

시험 전 많은 양의 정보를 암기할 때 머리글자만 따서 외우
는 방법을 누구나 한 번은 써봤을 것이다. 이를 두문법이라 하
는데 여러 단어에서 첫 번째 글자 혹은 앞의 몇 글자, 특정 글자
를 따오는 것이다. 예를 들어 화학 시험이라면 원소를 '리베붕
탄질산플네' 식으로 암기해둔다. 나중에 시험 때는 하나하나 대
입해 리 → 리튬, 베 → 베릴륨, 붕 → 붕소, 탄 → 탄소, 질 → 질
소, 산 → 산소, 플 → 플루오린, 네 → 네온으로 떠올리면 된다.
요즘에는 줄임말도 유행하고 있는데 이것 또한 두문법의 활용
이라고 할 수 있다. 부르기도 쉽고 빠르게 머릿속에 기억되기

때문이다. 두문법은 다양하게 사용되고 있는데 몇 가지 예를 더 들어보겠다.

JPEG	합동 사진 전문가 그룹(Joint Photographic Experts Group)
UNICEF	국제 연합 세계 아동 긴급 기금 (United Nations International Children's Emergency Fund)
태정태세문단세~	조선 왕의 순서
수능	수학능력시험
웃찾사	웃음을 찾는 사람들

_두문법 확장

정보를 순서대로 외울 때 각 단어의 첫 번째 글자(또는 특정 글자)를 이용해 '문장 형태'로 암기하는 것도 널리 쓰이는 기억력 향상 방법이다. 영국인들은 무지개의 색깔(빨주노초파남보, Red-Orange-Yellow-Green-Blue-Indigo-Violet)을 아래 문장으로 외우곤 한다. 우리나라에서도 자주 쓰이는 방법이다. 또 〈한국을 빛낸 100명의 위인들〉처럼 노래를 이용해 정보를 외우기도 한다.

- Richard Of York Gave Battle In Vain.
  - 요크의 리처드는 헛된 싸움을 했다.
- 푸른 산이 붉게 물들었다.
  - 푸른 리트머스 종이를 산성이 붉게 물들인다.

연습: 두문법 확장

아래 문장을 살펴보자.

- **Sergeant Major Hates Eating Onions.**
  (육군) 선임하사관은 양파 먹는 걸 싫어한다.
  북미 5대호의 이름: Superior, Michigan, Huron, Erie, Ontario

- **Help Five Policemen To Find Ten Missing Prisoners.**
  열 명의 사라진 죄수를 찾으려는 다섯 명의 경찰관을 돕자.
  하체의 뼈 이름: Hip, Femur, Patella, Tibia, Fibula, Tarsals, Metatarsals, Phalanges

- **고려 감잣국이 머리에 최고로 좋다.**
  고려시대 최고 국립교육기관 국자감

이제 자신만의 두문자를 만들어서 아래 정보를 외워보자. 과장되게, 재미있게, 창조성을 발휘해보자.

- **전압 = 전류 × 저항(옴의 법칙)**
  힌트: 이럴 때는 뒷글자(압, 류, 항)를 이용하는 것도 좋다.

- **태양계 행성의 순서: 수성, 금성, 지구, 화성, 목성, 토성, 천왕성, 해왕성**
  힌트: 각 행성의 첫 번째 글자를 순서대로 외우자.

잠시 후 당신이 만든 두 개의 두문자를 기억하는지 물어볼 것이다. 그 전에 숫자를 외울 때 도움이 되는 방법을 먼저 살펴보자.

숫자를
문장으로 바꾸기

1995년 2월 18일, 일본 도쿄의 NHK 방송국에서 히로유키 고토가 원주율을 소수점 아래 42,195자리까지 암기했다. 새로운 세계기록이었다. 원주율은 원의 둘레와 지름 사이의 비율로 약 3.1415926……이다. 원주율은 소수점 아래로 거의 무한대의 숫자가 있어 암기 테스트용으로 딱이다.

4장에서 이진수 코드와 여섯 개 이상의 숫자를 여행법으로 합치는 방법(44단계)을 이용해 엄청나게 긴 이진수 암기 기술을 설명할 것이다. 하지만 주민등록번호나 여권번호, 전화번호처럼 적은 개수의 숫자를 외울 때는 간단한 기억법을 사용할 수 있다. 기억법은 암기를 돕는 모든 기술을 의미한다. 앞 단계의 두문법이 가장 흔하게 쓰이는 기억법일 것이다.

적은 개수의 숫자는 문장 안 단어의 글자 수로 암기할 수 있다. 예를 들어 원주율 3.1415926이라면 아래 방법을 쓸 수 있다.

● 오늘은 그 친구들과 꼭 약속했으니
　③　①　④　①　⑤

켄터키프라이드치킨 사서 놀러가야겠다
　⑨　②　⑥

테스트: 숫자 보고 문장 만들기

다음의 두 가지 정보를 외우기 위해 숫자를 문장으로 만들어보자. 최대한 독특하게, 창조력을 발휘하자. 각 단어의 글자 수가 숫자를 의미한다는 것을 잊지 말자.

1. 비밀번호 − 3316
2. 여권번호 − 1542446
   (우리나라 여권번호는 앞에 영문 두 개, 숫자 일곱 개이지만 일단 숫자만 외워보자.)

이제 3단계 연습에서 만들었던 두문법 확장 두 개를 떠올려보자. 그런 다음 옆 페이지를 가리고 공책에 다음 질문에 대한 답을 써라.

다음 페이지로 ●‑‑‑‑▶

1. 네 자리 비밀번호는? → 10점

2. 옴의 법칙은? → 10점

3. 태양계 여덟 행성의 순서는? → 20점

4. 여권번호는? → 20점

점수: 단어나 숫자를 정확하게 써야 하고 순서도 맞아야 한다.

최고점:60　　**초급**:10+　　**중급**:30+　　**고급**:50+

신체 부위에 붙여 외우기
:신체 기억법

쇼핑 목록처럼 몇 가지 물품을 즉시 외워야 할 때 유용한 기술이다. 신체 기억법은 간단하지만 꽤 효과적이다. 기억하고 싶은 물건을 몸의 일부분과 연관해 머릿속으로 상상하면 된다. 상상하는 그림이 더 선명하고 과장되어 있을수록 머릿속에 뚜렷하게 남는다. 딱히 엄격한 규칙 같은 건 없지만 물품은 열 개 정도로 한정하는 것이 좋다. 테스트에 있는 그림 속의 신체 부위 열 개를 똑같이 사용할 필요는 없다. 머리부터 시작해 발로 내려가도 좋고 그 반대도 상관없다.

다음 열 개의 쇼핑 목록을 외워야 한다고 해보자.

파란색 페인트, 개껌, 신문, 손전등, 처방약, 치킨, 치약, 바나나, 샴푸, 알람시계 배터리

– 내 **발**이 *파란색 페인트* 통에 들어가 있는 모습을 그린다. **무릎**께에서는 *개*가 껑충껑충 뛴다. **허벅지** 주머니에는 둘둘 말린 *신문*이 튀어나와 있다. **배꼽**에서는 *빛줄기*가 뻗어 나온다. **가슴**에는 약 *처방전*이 붙어 있다. **어깨**에는 *치킨*이 앉아 있고, **입**가에는 *치약*이 묻어 있다. **코**는 *바나나* 모양이다. **머리카락**에는 *샴푸* 거품이 가득하다. **손**에는 시끄럽게 울리는 *알람시계*가 있다.

약간의 상상력을 발휘해 금세 쇼핑 목록 외우는 방법을 만들었다. 아래 테스트에서 직접 이 기억법을 사용해 열 개의 쇼핑 물품을 외워보자.

테스트 : 신체 기억법 사용하기

그림에 열 개의 핵심 신체 부위가 나와 있다. 각 신체 부위와 목록에 있는 열 개의 물품을 짝지어보자.
열 개의 이미지를 모두 만들었으면 머릿속으로 전체 상태를 다시 한 번 살펴보자. 그런 다음 책을 덮고 공책에 열 개의 쇼핑 물품을 전부 쓸 수 있는지 확인해보자.

다음 페이지로 •----▶

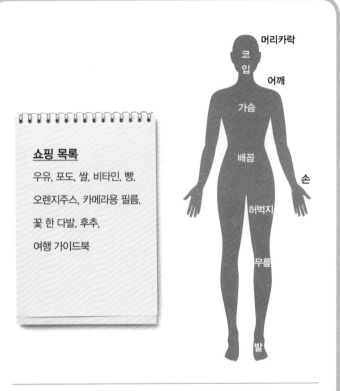

쇼핑 목록

우유, 포도, 쌀, 비타민, 빵,

오렌지주스, 카메라용 필름,

꽃 한 다발, 후추,

여행 가이드북

점수: 맞힌 물건 하나당 10점

최고점:100 **초급**:20+ **중급**:50+ **고급**:90+

기억의 첫 번째 핵심 열쇠
:연상

연상은 완벽한 기억력을 구축하는 핵심으로 기억이 작동하는 메커니즘이라고도 할 수 있다. 뇌는 수억 개의 뉴런이나 신경세포들이 미로처럼 서로 연결되어 수없이 많은 생각과 기억을 저장할 수 있게 해준다. 그렇기 때문에 생각이나 아이디어, 단어, 숫자, 물건 두 개가 아무리 서로 성질이 상반된 것이라 해도 얼마든지 함께 연결시킬 수 있다. 그저 자유롭게 생각의 날개를 펼치기만 하면 된다.

예를 들어 당신의 뇌는 분필과 치즈라는 두 물체를 어떻게 분석할까? 어떻게 연관 지어 상상할까? 분필로 칠판에 치즈 그림을 그려? 분필로 치즈가 얼마나 단단한지 찔러봐?

　우리는 어떤 물건을 사전적 의미가 아니라 연관 개념으로 떠올리곤 한다. '개구리'라는 단어를 들으면 나는 꼬리가 없고 발가락에 물갈퀴가 있는 양서류를 곧장 떠올리지 않는다. 대신 연못과 올챙이, 동화에서 나온 것 같은 장면이나 TV 자연 다큐멘터리의 한 장면, 뭐 그런 것들을 떠올린다. '눈'이라는 단어를 보면 수증기가 크리스털 형태로 얼어붙은 것이라고 생각하지는 않을 것이다. 그보다는 처음 눈사람을 만들었던 때라든지 스키 여행, 유명한 눈 영화, 눈싸움처럼 개인적인 경험을 연관시켜 떠올린다.

　복잡한 뇌세포의 네트워크 덕택에 우리는 어떤 정보든 서로 연관시켜 상상할 수 있다. 개구리와 눈은 어떻게 연결시킬까? 눈으로 만든 개구리? 눈 속에 뛰어드는 개구리? 스키 타는 개구리? 상상력을 조금만 발휘하면 연결 방법은 무궁무진하다.

　그렇기 때문에 우리는 다음에 설명할 '링크법'을 이용해 기억력을 엄청나게 높일 수 있다. 하지만 다음 단계로 가기 전에 자유로운 연상 게임을 통해 뉴런에 준비운동을 시켜보자.

연습 · 자유 연상

다음 열 개의 단어를 한 번에 하나씩 말하고 머릿속에 곧장 떠오르는 단어나 생각을 공책에 적어보자. 규칙도 없고 점수도 없다. 그저 링크법에 대비해 머리가 떠올리고 싶은 것을 자유롭게 마음껏 생각하도록 유연하게 풀어주기 위한 연습이다.

한 단어에 너무 시간을 들이지 않도록 주의하자. 대체로 처음 떠오른 생각이 가장 강력하고 중요하다.

트램펄린 전화 두뇌 달 꿈 친척

눈송이 다리 곰인형 추억

연결하고 또 연결하기
:링크법

링크법은 쇼핑 목록이나 여러 사람의 이름, 개념, 물건, 방향, 기타 어떤 종류의 정보든 순서대로 기억하도록 해주는 간단하면서도 매우 효과적인 기술이다. 필요한 건 그저 창조적인 상상력을 자유롭게 발휘하는 것뿐이다.

손, 버터, 자석, 지도책의 네 가지 물건을 어떻게 링크법으로 기억할 수 있을까? 손이 버터에 들어가 있는 것을 상상하라. 버터 안에서 끈적거리는 자석을 끄집어낸다. 자석이 자력을 발휘해 당신을 지도책 쪽으로 잡아끈다. 이제 네 가지 물건이 머릿속에 들어왔다. 전체를 묶어주는 링크를 만들었기 때문이다.

연습: 링크법 사용하기

창조력과 연상 기술을 발휘해 링크법으로 다음의 다섯 단어를 외워보자.

종이   창문   달팽이   차   기타

생각이 '자유롭게 흘러가게' 놔둬라. 상상력이 마음껏 뛰어놀게 풀어주는 것이다. 일부러 연결점을 만들어줄 필요는 없다. 그냥 자연스럽게 머릿속에 떠오를 것이다. 자신만의 링크를 만든 다음 아래있는 것과 비교해보라.

종이를 말아서 창문 밖으로 던진다. 창문 밖으로 달팽이가 보인다. 달팽이는 차를 몰고 있다. 차 뒷자리에 기타가 있다.

현실과 약간의 환상을 섞는 게 좋다. 내 머리가 이런 생각을 어떻게 한 건지는 중요하지 않다. 그게 제일 처음 떠올랐고, 다섯 가지 물건을 올바른 순서대로 외울 수 있게 해준다는 것이 핵심이다.

테스트: 링크법 발전시키기

물건 다섯 개는 너무 쉬울지도 모르겠다. 다음 스무 개 물품으로 자신의 상상력이 어디까지 갈 수 있는지 시험해보자. 5분 동안 이 단어들을 보고 몇 개나 순서대로 외울 수 있는지 확인하라.

다음 페이지로 ●----▶

동굴 도마뱀 전화 치약 트럭 컴퓨터
꽃 거미 의자 사전 정원용 호스 커튼 바구니
새총 풍선 배관공 화산 탁자 초상화 스키

당신의 상상력이 동굴을 지나 트럭을 몰고 컴퓨터를 운반하다가 새총으로 풍선을 쏘고 목록의 마지막 물건인 스키에 도착하는 스펙터클한 영화 한 편을 만들어낼 수도 있다.

점수: 순서에 맞게 기억한 물건 하나당 1점

최고점:20 초급:4+ 중급:8+ 고급:18+

※14점 이상을 얻었다면 굉장히 효과적인 링크를 만든 것이다.

기억의 두 번째 핵심 열쇠
:장소

장소는 기억력을 높이는 두 번째 핵심 열쇠로 기억의 지도를 만들어준다. 장소를 머릿속에 있는 파일 서랍 같은 것으로 활용하면 기억을 저장하고 꺼낼 수 있는 자연스러우면서도 유용한 도구가 된다.

이 방법은 2천 년도 전부터 기억을 돕는 도구로 사용되었다. 고대 그리스인들, 이후 로마인들은 물건을 기억하는 가장 좋은 방법이 순서를 정해두는 것임을 알아냈다. 그들은 잘 아는 장소들을 골라 물건을 배치하고 순서를 부여했다. 즉 집 안의 방들, 발코니, 아치문, 장식품 등에 기억하고 싶은 것을 놓아둔다

(머릿속으로).

장소는 우리 삶에 질서를 가져다준다. 오늘 한 모든 일을 순서대로 공책에 적어야 한다고 해보자. 나와 마찬가지로 우선 자신이 지나온 길을 거꾸로 되밟으며 어디를 갔었는지 장소들을 참고로 해 뭘 했는지 떠올릴 것이다.

6, 7단계(연상과 링크법)에서 두 가지 정보를 연결시킬 수 있다는 이야기를 했다. 마찬가지로 뇌는 어떤 단어나 물건, 개념이나 생각, 장소를 서로 연관시킬 수 있다. '일곱'이라는 단어를 생각해보자. 처음에는 그냥 숫자만 보이겠지만 생각을 자유롭게 풀어놓으면 이 단어는 당신을 관련 장소로 데리고 갈 수도 있다. 일곱 번째 천국이라든지《백설공주와 일곱 난쟁이》에 나오는 오두막, 당신이 일곱 살 때 다닌 학교 등.

장소는 기억력 훈련에서 매우 중요하게 쓰인다. 정보를 연관지을 때 큰 도움이 되기 때문이다. 나는 기억력 강화를 위해 자주 장소를 이용한다. 특히 여행법에서 대단히 중요한 요소이다. 여행법은 10단계에서 배우고 이 책 전반에서 계속 사용하게 될 것이다(여행법은 다른 책에서 장소법으로 소개되기도 한다).

연습 : 이 단어들을 보면 어디가 떠오르는가?

다음 열 개의 단어들을 살펴보자. 각 단어가 머릿속에 어떤 장소를 연상시키는가? 점프라는 단어를 보면 폴짝 뛰어 건너곤 했던 개울이 생각날지도 모르겠다. 그 장소들을 공책에 최대한 많이 적어보자. 이 연습을 하는 이유는 단어가 머릿속에 특정 장소를 상기시킬 수 있음을 보여주어 연상 능력을 향상시키기 위해서다.

점프　열여섯　코끼리　키스　사다리

아버지　시계　8월　호텔　폭풍

기억의 세 번째 핵심 열쇠
:상상

연상과 장소가 기억의 엔진과 지도 역할을 한다면, 상상은 연료다. 정신이 가진 창조력 그 자체로 예술가나 음악가, 시인만 가진 능력이 아니라 우리 모두가 얼마든지 쓸 수 있는 재능이다.

상상은 일반적으로 꿈을 꿀 때 가장 활발하게 작동하는 두뇌의 세타파와 연관되어 있다. 하지만 어린아이들, 특히 아기들은 깨어 있을 때도 이 뇌파를 계속해 발산하고, 그래서 아이들의 상상력은 가끔씩 과도하게 작용한다. 현실과 상상 사이의 선이 흐려져서 아이들에게는 곰인형이 살아 있는 친구가 되고 플라

스틱 장난감이 마법의 힘을 갖게 된다. 그러나 성인으로서 책임감과 기대치를 짊어지게 되면서 한때 자유롭게 풀어놓았던 상상력이 억제되기 시작한다.

이 책 전반에서 우리는 다양한 방식으로 상상 훈련을 할 것이다. 연습을 하면 할수록 기억을 구축하는 이미지나 아이디어, 생각을 떠올리기가 더 쉬워질 거고 차츰 그 속도와 정확성도 증가한다. 상상의 세계가 생생해질수록 기억력도 강해진다. 당신이 할 일은 그저 즐겁게 노는 것뿐이다.

상상의 한계를 넓히고 유연하게 만들기 위해 다음의 연습부터 해보자.

연습: 공감각적 상상

종종 별로 중요하지 않고 어떤 흥미로운 점도 없지만 생활에 꼭 필요한, 예를 들어 '오늘 해야 할 일 목록' 같은 것을 외워야 할 때가 있다. 상상력을 발휘하면 이 또한 훨씬 관심이 가고 기억하기 쉬워진다.

중요한 편지를 부쳐야 한다고 해보자. 우선 편지봉투를 진짜 같은 모양으로 상상하라. 그런 다음 이 이미지를 좀 더 기억하기 좋게 바꿔보자. 비틀거리면서 거대한 편지봉투를 지고 걸어가는 모습을 떠올려라. 봉투에는 밝은 파란색 별 무늬가 가득하다. 이제 여기에

다음 페이지로 ●····▶

특이한 장식을 몇 개 더해보자. 봉투에서 초콜릿 향이 나고 시계처럼 째깍거린다고 상상해보자. 그러면 선명한 시각적 이미지가 생겼고 여기에 냄새와 소리까지 더해졌다. 시각에 더불어 두 가지 감각을 더해주면 머릿속에 더 확실하게 기억된다.

동선 따라 정보 기억하기
:여행법

이제 기억의 세 가지 핵심 열쇠, 즉 연상과 장소, 상상을 다 합쳐 어떤 정보든 기억할 수 있는 가장 강력하고 완벽한 기술을 탄생시킬 차례다. 나는 이 방법으로 세계기록을 깼고 이것은 나의 핵심 무기가 되었다. 바로 '여행법'이다.

우선 집이나 직장, 사는 동네나 근처의 공원처럼 자신에게 익숙한 장소를 고르자. 간단히 설명하자면 이 장소를 이용해 중간중간 여러 군데를 들르는 식으로 짧은 여행을 하는 거다. 들르는 곳마다에 외우고 싶은 물건을 머릿속으로 하나하나 저장해 둔다. 그러면 동선에 따라 순서까지 정확하게 외울 수 있다.

얼마 지나지 않아 당신도 나처럼 모든 정보를 기억하게 해주는 훌륭한 여행지를 갖게 될 것이다. 매번 새로운 여행 장소를 고를 필요는 없다는 뜻이다. 좋아하는 여행 장소를 깨끗하게 치운 다음 기억하고 싶은 새로운 정보를 계속해 다시, 또다시 거기에 저장하면 된다.

하지만 오랫동안 저장하고 싶거나 짧은 시간 동안 여러 개의 정보를 저장하려면 여행 장소가 몇 곳 있는 게 편하다. 즉 세계 기록에 도전하거나 기억력 대회를 준비할 때는 여러 곳의 여행지가 필요하다. 앞으로 다양한 예를 들어 설명할 것이다. 고른 장소가 기억하려고 하는 특정 정보와 관련이 있다면 더 외우기가 쉽다. 예를 들어 스포츠 통계 수치를 외울 때 나는 동네 체육센터를 여행 장소로 고른다.

집이 가장 익숙한 장소일 것이다. 일반적인 집의 구조를 이용해 오늘 해야 하는 간단한 '할 일' 열 가지를 외워보자. 자신의 집에서 열 개의 정거장으로 이루어진 경로를 만들어라.

정거장의 순서가 집 안 동선과 같은 방향이 되도록 한다. 예를 들어 현관에서 부엌도 지나지 않고 곧장 다락으로 가지는 않을 것이다. 이 경로가 '안내선'처럼 당신을 손쉽게 올바른 순서대로 지나가게 만들어주어야 한다.

나는 경로를 정할 때 눈을 감고 둥둥 떠서 방 하나하나에 들러 그 안의 낯익은 가구와 장식, 물건들을 살펴본다고 상상한

다음 열 개 지점을 정거장으로 삼는다고 해보자			
1	현 관	6	계 단
2	복 도	7	주침실
3	부 엌	8	욕 실
4	거 실	9	손님방
5	다용도실	10	다 락

다. 이런 식으로 마지막 정거장에 도착할 때까지 손가락으로 장소를 세어나간다. 중간지점이 어딘지도 확인해둔다.

여행 준비를 마쳤고 정거장들을 앞으로든 뒤로든 헷갈리지 않게 확실히 기억했으면 이제 경로를 따라가며 방 안에 목록의 물품을 하나씩 내려놓을 차례다. 목록에 있는 물품을 일부러 외우려고 하지는 마라. 이것은 기억력 시험이 아니라 상상과 연상을 장소와 합치는 훈련이다.

머릿속으로 각각의 할 일을 그리고 경로를 따라가며 각 정거장에 그 일을 내려놓자. 과장된 표현이나 색깔, 유머감각, 동작처럼 상상하는 데 도움이 되는 것은 무엇이든 활용해도 좋다. 시각, 청각, 후각, 미각, 촉각의 다섯 가지 감각을 총동원하고 가끔은 말도 안 되는 이미지를 떠올리는 우뇌를 보완하기 위해 좌뇌의 논리력도 투입하라. 장면을 만들어 머릿속에 박아넣고 다음 단계로 나아가자.

다음 열 가지 할 일 목록을 이용해보자			
1	동물병원에 전화하기	6	우표 사기
2	선글라스 수리	7	세탁물 찾아오기
3	컵케이크 굽기	8	자동차 오일 점검
4	은행 가기	9	수도세 내기
5	생일선물 사기	10	전등 갈기

_1번 정거장 - 현관

집 현관 앞에 서라. '할 일' 목록에 있는 첫 번째 임무는 동물병원에 전화하는 것이다. 현관문을 열면 발치에서 전화벨이 요란하게 울리고 있는 장면을 상상하라. 애완견이 수화기 위에 앉아 있는 장면도 괜찮다.

_2번 정거장 - 복도

이제 복도로 들어서서 두 번째 임무인 선글라스 수리하기를 떠올리자. 복도의 불빛이 너무 밝아 눈을 보호하기 위해 재빨리 선글라스를 꺼내 쓰는 장면을 상상할 수도 있다. 아니면 복도의 벽지에 선글라스 무늬가 줄줄이 있는 것도 괜찮다.

_3번 정거장 - 부엌

부엌에는 조리대 위에 컵케이크가 잔뜩 놓여 있다. 갓 구운

빵냄새가 부엌을 가득 채우고 오븐에서는 컵케이크가 더 구워지는 중이다. 타기 전에 얼른 꺼내라.

_4번 정거장 - 거실

거실로 들어가면 줄무늬 양복을 입은 은행원이 소파에 앉아 서류를 살피고 있다. 거실 바닥에는 종이 여러 장이 떨어져 있다. 머릿속으로 그 장면을 뚜렷하게 그려보아라.

_5번 정거장 - 다용도실

다용도실 문을 열면 쌓여 있는 세탁물 위에 커다란 선물이 놓여 있다. 선물 포장지의 모습을 상상해보라. 밝은 색깔에 무늬가 있고 반짝거리며 리본이 묶여 있다든지? 여기가 여행의 다섯 번째 정거장임을 명심하라. 다용도실 문에 커다랗게 숫자 5가 쓰여 있는 모습을 상상하자.

이제 당신 차례다. 다음 페이지의 표를 보고 나머지 다섯 정거장을 지나며 각각의 장소와 남은 임무를 자신만의 방식으로 연상해보자. 기억하라! 각 정거장에 들어서면 장면을 만들어내서 상상하고, 기억하기 쉽게 가능한 한 생생한 디테일을 첨가하라.

정거장	할 일
계 단 ---------------------➤	우표 사기
주침실 ---------------------➤	세탁물 찾아오기
욕 실 ---------------------➤	자동차 오일 점검
손님방 ---------------------➤	수도세 내기
다 락 ---------------------➤	전등 갈기

테스트: 여행법

기억의 세 가지 핵심 열쇠(연상, 장소, 상상)를 사용했다면 이제 '할 일' 목록에 있는 열 가지 임무 중 전부는 아니라도 대부분을 기억할 수 있어야 한다. 공책에 기억나는 순서대로 최대한 많이 적어보자.

점수: 올바른 순서대로 쓴 할 일 하나당 5점. 점수를 계속 기록하자.

자신이 가는 경로를 잘 안다면 순서를 헷갈리지 않을 것이다. 심지어 거꾸로 욀 수도 있다. 여행 경로를 반대로 되밟으면 되니까. 할 일 중 하나만 딱 집어 말하고 싶다면 여행 경로 중 하나의 정거장에만 들르면 된다. 다섯 번째 정거장을 기억하고 있으면 네 번째 할 일이 뭔지 쉽게 떠올리게 된다. 다섯 번째 정거장 바로 앞단계의 할 일이니까. 아래 질문 중 몇 가지에나 대답할 수 있는가? 다시 한 번 공책에 답을 적어보자.

다음 페이지로 •····▶

1. 컵케이크 굽기 다음에 할 일은?

2. 오일 점검 전에 할 일은?

3. 목록의 두 번째 할 일은?

4. 생일선물 사기와 세탁물 찾아오기 사이에 할 일은?

5. 수도세 내기는 목록의 몇 번째 일인가?

점수: 정답 하나당 10점

총점: 이 테스트에서 얻은 모든 점수 합산

최고점:100　**초급:**25+　**중급:**40+　**고급:**85+

알파파와 세타파로 집중력 높이기

누구에게나 집중하기 힘든 날이 있다. 스트레스를 받거나 굉장히 피곤할 때가 특히 그렇다. 반대로 어떤 날에는 뭐든 잘되고, 정신이 말짱하고, 에너지가 넘치고, 모든 게 자신의 통제하에 있는 것 같다. 즉 '물 만난 물고기'와 같다. 운동선수들이 뛰어난 성적을 보여주는 날 같은 때, 테니스 선수가 세계선수권 대회 결승에서 적수를 물리쳤을 때 말이다. 그렇다면 '물 만난 물고기' 상태란 무엇이고 어떻게 하면 우리 모두가 이런 상태가 될 수 있을까?

최근 몇 년간 나는 EEG(뇌파 측정기)를 이용해 뇌가 생성하는 여러 전파를 측정하는 실험을 했다. 휴식과 스트레스 통제,

잠과 관련된 느린 델타파부터 활발한 정신 활동과 의사 결정, 문제 해결과 관련이 있는 빠른 베타파에 이르기까지 우리는 여러 뇌파를 생성한다. 뇌파에는 각각의 기능이 있고 삶에서 중요한 역할을 한다. 예를 들어 베타파는 우리의 일상생활을 빠릿빠릿해지게 만들지만, 언제나 베타파만 생성한다면 꿈을 꾸고 효과적으로 기억을 할 만한 여유가 생기지 않을 것이다.

내 뇌파를 측정하면서 나는 알파파(긴장을 풀고 쉬는 상태에서 볼 수 있는 뇌파의 하나)와 세타파(중간 길이 파장)가 섞인 파장을 생성할 때 가장 잘 뭔가를 배우고 기억하며 떠올린다는 사실을 알게 되었다. 정기적으로 기억력 훈련을 해 당신의 뇌 역시 이 두 파장을 더 많이 생성하도록 만들 수 있다.

팁: 기억의 연못을 헤엄치는 물고기 되기

더 빠르게 '물 만난 물고기'가 되는 방법이다.

- 매일 조금씩 시간을 내어 단어 목록이나 무작위 숫자 배열, 또는 최근 직장이나 모임에서 알게 된 사람들의 이름 같은 실용적인 정보를 외우는 간단한 훈련으로 기억력을 자극하라. 이 책에 있는 테스트들을 사용해도 좋다. 되도록 자주 반복하고 이를 토대로 새로운 훈련 방식을 만들어라.
- 정보를 외우고 떠올리기 전에 우선 소음이나 시각적 장애물이 없

다음 페이지로 ●┄┄┄▶

는 조용한 방에 편안하게 앉아 육체적인 긴장을 풀어라. 배경소음이 약간 있는 환경을 좋아한다면 중간 정도 빠르기의 클래식 음악을 듣는 것도 좋다. 재즈나 헤비메탈처럼 요란한 음악은 피하라. 당신이 원하는 건 알파파와 세타파가 섞인 뇌파라는 것을 기억하라.

- 눈을 감고 좋아하는 휴가지나 과거에 평온했던 시간처럼 기분 좋은 장면을 떠올리며 마음을 가라앉혀라. 그러면 알파파와 세타파가 나오는 데 도움이 된다.
- 기억한 정보를 떠올리거나 머릿속으로 검토할 때 눈을 감으면 기억을 돕는 파장인 세타파의 힘이 좀 더 강해질 수 있다.
- 긴장을 풀고 뇌에 산소를 공급하기 위해 정기적으로 운동하라.

숫자를 이미지로 바꾸기
:숫자-모양 기억법

숫자를 잘 외우는가? 전화번호를 외우는 자기만의 기술을 가진 사람도 있고 카드 비밀번호 정도는 외워도 생일이나 기념일을 외우는 데는 젬병일 수도 있다.

우리는 숫자에 둘러싸여 살고, 신용카드의 비밀번호나 인터넷 웹사이트의 비번, 사무실 출입 코드처럼 점점 더 많은 숫자를 외워야만 한다. 숫자는 도처에 있다. 전화번호, 열차 시간표, 몸무게와 키, 은행 계좌, 인구 통계, 선거 결과…… 이 모든 숫자를 즉각 외우고 필요할 때 정확하게 떠올릴 수 있다면 근사하지 않을까?

나한테 천부적인 암기 재능은 없었지만 기억력 훈련을 통해 한 시간에 2천 자리의 숫자까지 외울 수 있게 되었다. 어떻게 이런 일이 가능했을까?

나는 각 숫자에 의미 있고 기억하기 쉬운 이미지로 치환할 수 있는 특별한 코드를 부여했다. 바로 내가 '숫자 언어'라고 부르는 방식이다.

이 책 후반에 좀 더 고차원적인 숫자 암기법인 '도미니크 기억법'에 대해 이야기할 것이다. 여러 자리 숫자를 기억할 때 굉장히 효과적인 기술이다. 하지만 좀 더 간단한 숫자-모양 기억법도 전화번호부터 네 자리 비밀번호, 날짜와 역사적 사건이 일어난 날 등을 외울 때 유용하다.

숫자-모양 기억법은 한 자리 숫자를 각각 모양의 비슷한 이미지로 바꾸는 것이다. 예를 들어 숫자 8은 약간의 상상력을 발휘하면 눈사람 모양이라고 생각할 수 있다. 그래서 산소가 원자번호 8번이라는 것을 외울 때 눈사람이 산소마스크를 쓰고 있는 모습을 기억하면 된다.

숫자 6은 코끼리 코와 닮았다. 숫자 7은 부메랑 모양이다. 당신이 67번 버스를 타야 한다면 코끼리가 버스 정류장에서 코로 부메랑을 던지고 있는 모습을 상상하라. 말도 안 되는 장면이지만 그렇기 때문에 절대로 잊어버리지 않는다. 자, 이제 갑자기 숫자들이 살아 움직이기 시작했다. 독특한 모양새로 눈앞에서 춤을 추며 머릿속에 훨씬 잘 들어올 것이다.

네 자리 비밀번호 1580은 어떻게 외울까? 현금 인출 비밀번호라면 은행을 배경으로 상상을 펼쳐볼 수 있다. 커다란 연필(1을 의미하는 숫자 모양)을 들고 은행에 걸어 들어가는 장면을 상상해보자. 어쩌면 사업계획을 짜러 온 것일 수도 있다. 은행 안에는 해마(숫자 5의 모양)가 창구 앞에 줄을 서 있다. 창문 뒤로는 눈사람(숫자 8의 모양)이 머리로 축구공(숫자 0의 모양)을 튕기고 있다. 이 장면을 머릿속으로 몇 번 그리고 나면 비밀번호를 쉽게 잊을 수 없을 것이다.

도구: 그림 언어

한 자리 숫자를 떠올리게 만드는 모양에는 어떤 것이 있을까? 0은 공 모양이고 9는 줄이 달린 풍선 모양? 아래의 예를 한 번 살펴보자. 이 모양을 그대로 외우거나 자신만의 모양을 만들어보자.

1 = 연필, 양초, 로켓

0 = 공, 반지, 바퀴

2 = 백조나 뱀

다음 페이지로 •----▶

3 = 입술이나 수갑

4 = 깃대에 달린 깃발이나 돛

5 = 해마나 S자 몸매

7 = 부메랑이나 절벽

8 = 눈사람이나 오뚜기

6 = 코끼리 코나 골프채

9 = 외알안경이나 줄이 달린 풍선

테스트: 숫자-모양 기억법 확인

숫자-모양 기억법에서 내가 7단계의 링크법을 사용해 숫자들을 연결시켰다는 점을 알아챘을 것이다. 한 번 더 말하자면, 링크법은 두 가지 물체 사이에 가공의 공통점을 만들어 연관 짓는 방법이다.

다음 페이지로 ●·····▶

다음 스무 자리 숫자를 숫자-모양 기억법을 이용해 외워보자. 각 숫자를 그에 맞는 모양으로 바꾸고(자신만의 모양을 이용해도 좋고 내 것을 사용해도 좋다) 이들을 링크법으로 연결시키자. 앞부분만 이야기하자면, 나는 부메랑을 줄 달린 풍선에 던지는 장면을 상상한다. 풍선줄에 공을 매다는 식으로 계속 이어나가 보자.

7 9 0 4 6 2 1 3 5 8 5 9 9 4 0 1 3 2 7 6

이제 부메랑이나 절벽으로 시작해 코끼리 코나 골프채로 끝나는 스무 개의 숫자 모양으로 이어지는 이야기가 완성되었을 것이다. 그러면 책을 덮어두고 공책에 이 숫자들을 순서대로 적어보자.

점수: 틀리기 전까지 맞게 기억한 숫자 하나당 1점

최고점:20   **초급:**4+   **중급:**8+   **고급:**18+

숫자를 발음으로 바꾸기
:숫자-발음 기억법

'숫자-모양'의 변형으로 '숫자-발음 기억법'이 있다. 발음이 비슷한 단어를 숫자의 핵심 이미지로 삼는 것이다. 예를 들어 사슴은 숫자 4의 발음이 들어간다. 그러니까 이 숫자의 핵심 이미지를 사슴으로 잡으면 4와 관련된 정보를 기억하는 데 도움이 된다.

국제공항의 4번 터미널에서 비행기를 탄다는 것을 기억해야 한다고 해보자. 사슴과 함께 공항으로 가는 장면을 상상해볼 수 있다. 이 간단한 상상 덕택에 쉽게 올바른 터미널로 갈 수 있다.

사과 2킬로그램을 사와야 한다는 건 어떤 식으로 기억할까?

음, 이(치아)는 숫자 2와 발음이 같다. 마트에 가서 사과를 이로 베어 먹는 장면을 상상하면 어떨까?

숫자 1, 3, 8과 같은 발음을 가진 단어는 뭐가 있을까? 열 개의 숫자에 사용할 수 있는 예를 아래에 써두었다. 이것을 그대로 외워도 되고 자신만의 목록을 만들어도 된다.

각각의 숫자와 비슷한 발음을 가진 단어들			
0	수영, 빵	5	오징어, 오륜기
1	일요일, 일기	6	육지, 육체, 정육점
2	이, 종이, 부엉이	7	칠판, 색칠, 칠면조
3	삼계탕, 삼촌, 인삼	8	팔, 팔뚝, 팔랑개비
4	사슴, 사자	9	구두, 축구, 구멍

테스트: 숫자-발음 기억법 확인

숫자-발음을 사용해 다음의 상식들을 외워보자.

1. 전 세계 인구는 약 70억이다
2. 평균적으로 뇌는 사람 몸무게의 2퍼센트 정도이다
3. 오스트레일리아는 주가 일곱 개다
4. 곤충은 다리가 여섯 개이다
5. 영국의 빅토리아 여왕에게는 자식이 아홉 명 있다

다음 페이지로 ◆┄┄┄▶

6. 갓 태어난 낙타는 등에 혹이 없다

7. 지구보다 더 큰 행성은 네 개이다

8. 이집트 카이로 인근 기자에는 세 개의 큰 피라미드가 있다

이제 위쪽을 가리고 다음 질문에 몇 개나 대답할 수 있는지 확인해보자. 공책에 답을 써라.

1. 갓 태어난 낙타에게는 혹이 몇 개 있는가?

2. 전 세계 인구는 얼마인가?

3. 곤충은 다리가 몇 개인가?

4. 지구보다 더 큰 행성은 몇 개인가?

5. 오스트레일리아에는 주가 몇 개 있는가?

6. 영국의 빅토리아 여왕에게는 자식이 몇 명 있는가?

7. 기자에는 대피라미드가 몇 개 있는가?

8. 뇌는 몸무게의 몇 퍼센트를 이루고 있는가?

점수: 정답 하나당 10점

최고점:80   초급:40+   중급:60+   고급:70+

음성기호로 알파벳 외우기
:알파벳 음성기호 기억법

일 때문에 군대에서 알파벳을 헷갈리지 않도록 하나의 단어로 바꿔 부르는 방식을 외워야 했다. 처음에 여행법(10단계)을 이용해 알파벳 이름들을 상징적인 이미지로 전환해 빠르게 외웠다. 하지만 여러 곳에 응용할 수 있음을 알게 되자 알파벳 음성기호는 금세 내 장기기억으로 저장되었다.

알파벳 음성기호는 그 자체로 굉장히 유용한 기억 도구다. 알파벳 문자가 들어간 정보를 외워야 할 때 자동적으로 이를 이미지로 활용할 수 있기 때문이다. 세 개의 무작위 알파벳 Z, G, H를 외운다면 나는 줄루 족이 골프공을 호텔로 날리는 모습을 떠올린다. 또 알파벳 음성기호는 여행법을 대체할 수 있는 훌륭한 창고로 각각에 스물여섯 명의 유명한 작곡가나 화가, 시인처럼 스물여섯 가지 정보를 하나하나 저장할 수 있다.

알파벳 음성기호			
a 알파	h 호텔	o 오스카	v 빅터
b 브라보	i 인디아	p 파파	w 위스키
c 찰리	j 줄리엣	q 퀘벡	x 엑스레이
d 델타	k 킬로	r 로미오	y 양키
e 에코	l 리마	s 시에라	z 줄루
f 폭스트롯	m 마이크	t 탱고	
g 골프	n 노벰버	u 유니폼	

테스트: 알파벳 음성기호 기억법 사용하기

처음에는 스물여섯 개 정거장으로 이루어진 경로를 만들어 외우는 여행법(10단계)을 사용하자. 경로의 각 정거장에 단어의 이미지를 저장한다. 첫 번째 장소에는 커다란 그리스 문자 알파(α)가 번쩍이고 있고, 두 번째는 오페라 테너를 향해 관중들이 브라보를 외치는 장면이 될 수도 있다. 이런 식으로 스물여섯 번째 정거장의 줄루족 전사까지 진행하자.

스물여섯 개 단어를 알파벳 순서대로 앞부터든 뒤부터든 완벽하게

다음 페이지로 ◆┄┄┄▶

외울 때까지 여행을 계속하라. 각 이미지가 머릿속에서 곧장 튀어 나올 수 있게 확실히 새겨넣어야 한다. 그래야 매번 여행을 반복할 필요 없이 바로 떠올리게 된다.

이제 링크법(7단계)을 사용해 이미 만들어놓은 이미지와 다음 아홉 개의 글자를 연관 지어 순서대로 외워라. 공책에 글자를 순서대로 써보자.

N U S J M E V M S

점수: 순서에 맞게 쓴 글자 하나당 10점

최고점:90   초급:20+   중급:50+   고급:80+

이제 당신은 태양에서 멀리 있는 순서대로 행성의 머리글자를 외웠다.

NEPTUNE (해왕성) URANUS (천왕성) SATURN (토성)

JUPITER (목성) MARS (화성) EARTH (지구)

VENUS (금성) MERCURY (수성) SUN (태양)

1장에서는 훈련 전의 기억력 수준을 알아보았다. 기억력 훈련의 핵심 원칙과 기술도 살펴봤는데 이는 당신의 무기고에 들어갈 기본적인 도구들이다.

이 장에서는 도구 사용 방법을 익힌다. 연상, 상상, 링크법, 여행법 등을 사용해 단어 스펠링(17단계)이나 세계의 수도(18단계) 같은 여러 정보를 외워보면 이 도구가 얼마나 다용도로 쓸모가 있는지, 일상생활에서 얼마나 손쉽게 사용할 수 있는지 알게 된다. 예를 들어 사람 얼굴과 이름을 외울 때(15단계), 길을 묻고 방향을 외울 때(16단계), 또는 친구들에게 얘기해줄 농담을 외울 때(24단계) 등 얼마든지 사용할 수 있다.

도미니크 기억법(23단계) 같은 새로운 기술도 이번 장에서 설명한다. 두 자리 숫자 00부터 99까지를 사람 이름으로 연결해 긴 숫자를 외우는 나만의 방법이다. 아, 걱정할 필요는 없다. 당신은 00부터 19까지 처음 스무 개 숫자부터 시작할 테니까. 이 장에 나오는 연습과 테스트를 해보면 자신의 기억력이 매 단계 얼마나 성장하고 있는지 알 수 있다.

2장

일상생활에서 활용하는 기억력 기술
[초급]

Step 15

그의 이름이
기억나지 않는다면

사람들이 제일 잘 잊어버린다고 털어놓는 걱정거리가 바로 얼굴 보고 이름 맞히기다. 모든 인간에게는 얼굴을 알아보는 자동적인 능력이 있다(아마도 적과 친구를 구분해야 했던 시절의 유물일 것이다). 얼굴 기억이 별로 어렵지 않다면 왜 이름 기억은 어려워하는 걸까? 답은 아주 간단하다. 이름이 얼굴을 설명해주지 못하기 때문이다.

내 이름은 도미니크이지만 이 이름이 내 얼굴을 알려주지는 않는다. 같은 성을 수십만 명이 더 사용하고 있다는 점 역시 별로 도움이 되지 않는다. 쉽게 영숙, 영희, 영수, 영호 같은 이름을 가진 사람 백 명이 있는 방에서 이름을 외운다고 상상해보라.

_얼굴에 장소를 부여하라

모임에서 우리 모두 한 번씩은 겪곤 하는 상황, 즉 누구를 소개받고 30초도 지나지 않아 '죄송하지만 이름이 뭐라고 하셨죠?'라고 묻는 민망한 일을 방지할 수 있는 가장 효과적인 방법이 뭘까? 그 사람을 특정 장소와 연관 지어보자. 길거리에서 굉장히 낯익은 사람을 만났는데 이름이 생각이 안 나는 경우를 상상해보자. 이 사람이 누군지 생각하면서 가장 먼저 기억하려고 하는 게 뭘까? 아마 스스로에게 이렇게 물을 것이다. '이 사람을 어디서 만났더라?' 이 사람과 관련된 기억의 대부분, 운이 좋으면 이름까지 알려줄 정보가 바로 장소다.

그래서 나는 누군가를 처음 만났을 때 각각에게 장소를 부여한다. 그러니까 내가 이 사람을 어디서 마주칠 수 있을지 상상하는 것이다. 모임에서 어떤 여자를 소개받았는데 왠지 모르게 이 사람이 꼭 학교 선생처럼 생겼다는 느낌을 받았다고 해보자. 뭔가 학구적인 분위기를 풍기는 사람일지도 모르겠다. 이제 이 사람에게 어울리는 장소가 생겼다. 이 사람의 이름이 '지현'이라고 하면 당신이 아는 사람 중에서 지현(친척이나 친구, 배우, 정치인 등)을 떠올리고 그 사람이 학교에 서 있는 장면을 그린다. 제일 처음 생각나는 지현이라는 사람이 배우 전지현이라면 전지현이 학교 교단에 서 있는 장면을 생각하면 된다. 다음번에 이 사람을 만나면 이런 방법으로 이름을 유추할 수 있다.

얼굴 → 학교 → 전지현 → 지현

얼굴과 이름을 연결시키기에는 꽤 긴 과정처럼 보일 수도 있지만, 당신의 뇌는 쭉 따라가는 연결고리가 있으면 순식간에 정보를 떠올린다.

_얼굴의 특징에 주목하라

눈에 딱 띄는 특징이 있는 사람을 만나면 장소 대신 이름을 곧장 신체적 특징과 연결시키는 게 훨씬 기억하기 쉽다. 당신이 김봉남이라는 사람을 소개받았는데 그 사람이 굉장히 눈에 띄는 커다란 귀를 갖고 있다면(아주 복스러운) 이름을 즉시 그 특징과 연관 짓는다. 뇌는 '복스러운 귀'라는 특징과 좀 더 긴밀하게 이어지는 링크를 만든다. 바로 '복귀 남자'다(복남→봉남)!

이름을 한 글자 한 글자 잘라 각각을 이미지로 만드는 것이 가장 외우기 좋은 방법이다. 이름도 숫자처럼 이미지로 변환해야 우리 뇌가 더 쉽게 저장할 수 있다. 우리의 뇌는 서로 연결시키는 것을 좋아하기 때문에 얼굴 생김새를 알려주지 못하는 이름을 들으면 둘 사이에 가공의 링크를 만들어주면 된다.

다음 테스트를 통해 뇌에 링크를 만드는 능력을 키워보자. 이 단계에서 설명한 모든 기술을 다 사용해도 된다. 즉 익숙한 장소와 사람 연결시키기, 이름이나 얼굴의 독특한 부분 이용하기, 이름 한 글자마다 이미지 만들기 등 다 좋다. 예를 들어 이동원은 어떻게 외울 수 있을까? '동원'은 수산물 회사 이름과 같으니까 나는 이 사람이 참치캔을 들고 있는 모습을 상상할 것이다. '이'라는 성은 그가 광고를 찍는 것처럼 이를 드러내고 활짝 웃는 모습을 그린다. 이러면 이 사람의 이름을 손쉽게 외울 수 있다.

테스트: 이름과 얼굴 짝짓기

다음 열 명의 얼굴을 보며 각자의 이름과 연관을 만들어보자.

정아름　　최태정　　표성신　　우연희　　박진주

오수명　　신채원　　나선재　　이성룡　　오선주

다음 페이지로 ●·····▶

이제 아래에 순서가 바뀐 얼굴을 다시 보며 맞는 이름을 짝지어보자.

점수: 맞힌 성 하나당 5점, 맞힌 이름 하나당 5점

최고점:100   **초급:**20+   **중급:**50+   **고급:**80+

Step 16

길을 물어볼 때
써먹는 기술

모르는 동네인데 약속시간에 늦어 지나가는 사람에게 길을 물어봤다. 그런데 펜과 종이가 없어 방향을 그냥 외워야만 한다. 이 사람이 어떻게 가야 하는지 너무 빠르게 설명을 쏟아내 몇 번 듣지 않으면 절대로 못 외울 것 같지만 시간이 없어서 그냥 머릿속에 남은 정보를 따라 가보기로 한다. 물론 조금 가다가 또 다른 사람을 붙잡고 다시 방향을 물어보게 되고 만다.

자, 여기서 설명하는 간단한 기억 기술을 사용하면 딱 한 번만 듣고도 얼마든지 길을 찾아갈 수 있다. 당신이 낯선 동네에서 길을 잃었는데 어떤 마음 좋은 사람이 가르쳐준다고 상상해보자.

길 안내	
1	두 번째 골목에서 대왕로로 좌회전
2	꽃집을 끼고 굴비로로 좌회전
3	길 끝에서 우회전
4	미술관 표지판을 따라 직진
5	두 번째 신호등에서 좌회전
6	'곰이 마시는 커피' 가게에서 별사랑길로 좌회전
7	8번지라고 붙어 있는 빨간 건물

언뜻 보기에는 한 번에 외우기에 너무 많은 정보처럼 여겨진다. 하지만 지금까지 이 책을 따라 연습을 해왔다면 일곱 개의 정보를 순서대로 외우는 정도는 누워서 떡 먹기라고 여겨질 만큼 자신의 기억력에 자신감이 생겼을 것이다.

내가 방향을 외우는 방법은 다음과 같다. '쇼핑 목록 순서대로 외우기'와 똑같이 여기기 때문에 빨리 기억하기 위해 여행법을 사용한다. 그러니까 미리 여행지를 준비해둬야 한다.

일곱 개의 방향 안내가 있으니까 이 정보를 저장하기 위해서는 일곱 정거장으로 이루어진 짧은 여행이면 충분하다. 당신이 좋아하는 휴가지를 여행의 배경으로 사용할 수도 있다.

좋아하는 휴가지로 하는 여행법의 예
1　호텔 입구
2　로비
3　엘리베이터
4　레스토랑 입구
5　창가 좌석
6　발코니
7　수영장

테스트: 방향 외우기

앞에서 이야기한 것처럼 일곱 정거장을 가진 여행지가 준비되었으면 이제 방향을 외워보자.

언제나 여행지의 첫 번째 정거장 앞에 서 있어야 한다는 것을 명심하자. 내가 여행의 처음 몇 개 정거장을 어떤 식으로 이용하는지 보여주겠다. 제일 먼저 호텔 입구에 서 있는 자신을 상상한다.

1번 정거장　　첫 번째 방향
호텔 입구　　두 번째 골목에서 대왕로로 좌회전

숫자와 단어를 이미지로 바꾸는 데는 딱히 정해진 규칙 같은 게 없다. 하지만 두 번째 골목처럼 한 자리 숫자가 들어가는 경우 숫자—

다음 페이지로 ●····▶

모양(12단계)을 주로 이용한다. 호텔 입구 왼쪽으로 백조(2의 숫자 모양)가 놀란 표정의 대왕의 위로 날아가는 모습을 머릿속에 그린다.

2번 정거장	두 번째 방향
로비	꽃집을 끼고 굴비로로 좌회전

호텔 로비는 화려한 식물과 꽃들로 꾸며져 있다. 리셉션 왼쪽으로 화분 하나에서 굴비가 튀어나와 있는 모습을 상상한다. 여기서 필요한 것은 길 이름을 외울 수 있게 해주는 이미지뿐이다. 딱히 명확하게 굴비의 모습을 그릴 수 없어도 마른 생선 정도면 굴비로라는 이름을 봤을 때 금방 기억을 되살릴 수 있다.

3번 정거장	세 번째 방향
엘리베이터	길 끝에서 우회전

우회전을 기억하기 위해 오른쪽에 있는 엘리베이터에 타는 장면을 상상한다.

4번 정거장	네 번째 방향
레스토랑 입구	미술관 표지판을 따라 직진

레스토랑의 입구에서 수석 웨이터가 카운터 위에 걸린 유화를 감상하는 모습을 떠올린다.

다음 페이지로 ●----▶

| 5번 정거장 | 다섯 번째 방향 |
| 창가 좌석 | 두 번째 신호등에서 좌회전 |

식탁 한가운데 신호등이 있는 모습을 상상한다. 신호등 위로 백조가 왼쪽에 있는 창문을 향해 날아간다.

이제 당신 차례다. 남은 두 개의 정거장과 방향을 연관시켜보자. 수영장과 숫자 모양 8, 그러니까 눈사람이 서 있는 장면 등으로 끝날 수도 있을 것이다. 일곱 개의 장면이 머릿속에 잘 있는지 확인한 다음 공책에 방향을 전부 정확하게 쓸 수 있는지 시도해보자.

점수: 방향이 틀릴 때까지 맞은 것 하나당 10점

최고점:70　**초급**:20+　**중급**:40+　**고급**:60+

알파벳
스펠링이 뭐였지?

자주 틀리는 영어 단어는 처음 이 상황에 부딪쳤을 때 잘못된 스펠링을 고치기 위해 사용했던 방법을 적용해 기억한다. 예를 들어 나는 separate(분리하다)를 다른 사람들처럼 seperate라고 잘못 쓰는 경우가 절대로 없다. 파라슈트 부대가 내려와 이 단어를 se-para-te라고 분리하는 모습을 상상하기 때문이다.

요령을 털어놓자면 단어의 패턴과 의미 사이에 연결고리를 찾는 것이다. 그런 다음 상상력과 연상을 활용해 이 연결고리를 기억하기 쉽게 만들어라.

예를 들어 c E m E t E ry라는 단어에 E 세 개가 균형을 이루

테스트: 스펠링이 맞는 단어 고르기

스펠링을 많이 틀리는 단어 몇 가지를 실어놓았다. 맞는 단어는 왼쪽 혹은 오른쪽에 있을 수도 있다. 어느 스펠링이 맞는지 정확히 구분할 수 있는가?

ACCIDENTLY	ACCIDENTALLY	(우연히)
ACCOMMODATE	ACCOMODATE	(수용하다)
CEMETARY	CEMETERY	(묘지)
DEFINITELY	DEFINATELY	(분명히)
ECSTASY	ECSTACY	(엑스터시)
EMBARRASS	EMBARASS	(당황스럽게)
HANDKERCHIEF	HANKERCHIEF	(손수건)
INDEPENDANT	INDEPENDENT	(독립된)
MOMENTO	MEMENTO	(기념품)
SUPERCEDE	SUPERSEDE	(대체하다)

아래에 정답이 있다. 몇 개나 제대로 맞혔는지 확인해보자.

ECSTASY   SUPERSEDE
DEFINITELY   MEMENTO
CEMETERY   INDEPENDENT
ACCOMMODATE   HANDKERCHIEF
ACCIDENTALLY   EMBARRASS

점수: 맞힌 단어 하나당 10점

최고점:100 초급:10+ 중급:50+ 고급:100+

고 서 있는 것을 보라. 꼭 묘비 같지 않은가? 주머니에 손(hand)을 넣고 손수건(handkerchief)을 꺼낸다. 그리고 기억(memory)을 뒤져서 추억거리(memento)를 떠올린다. 그러면 momento가 아니라는 것을 쉽게 알 수 있다.

기억이 활발하게 작동하는 데 가장 중요한 메카니즘은 바로 연관 짓기다. 외우려는 단어 스펠링과 의미 사이의 연결고리를 분명히 만들 수 있다.

앞의 테스트를 다시 한 번 살펴보며 올바른 스펠링을 찾는 연결고리를 알아내자.

불가리아의
수도는?

3, 4단계에서 무지개 색깔부터 여덟 개 행성의 순서까지를 외우는 기억법을 살펴보았다(아직까지 기억하고 있는가?). 이 기억법은 지리 정보를 외울 때도 얼마든지 사용할 수 있다. 학창 시절 이런 기억법을 배웠다면 공부가 훨씬 즐거웠을 텐데…….

지리 선생님이 호주의 수도 캔버라를 외우려면 나라 모양을 보라고 가르쳐주었다면 참 좋았을 거다. 호주는 약간 카메라 모양으로 생겼기 때문에 카메라 → 캔버라로 연상하면 쉽지 않았을까. 북극(Arctic)과 남극(Antarctic)은 아치문(arch)을 올려다보거나 개미(ant)를 내려다보는 걸 생각하면 된다고 말씀해주었다면 헷갈리지 않았을 것이다.

기억법은 기계적인 암기 대신 여러 정보를 쉽게 저장하고 나중에도 금방 떠올릴 수 있는 연결고리를 만들어주어 공부를 지루하지 않게 해준다. 마치 단기기억이 선명하고 상징적인 이미지를 통해 그대로 장기기억으로 넘어가는 것 같은 과정이다.

테스트: 나라와 수도

나라와 수도 이름 목록을 보고 상상력을 발휘해 짝끼리 연결고리를 만들어라. 일부러 잘 알려진 나라들은 뺐다.

에스토니아의 수도가 탈린이라는 걸 외울 때면 나는 에스더라는 여자가 탈을 쓰고 인사를 하는 모습을 상상한다. 다음에 에스토니아라는 나라 이름을 보게 되면 에스더를 떠올릴 거고, 연이어 탈과 인사를 떠올리면서 수도가 탈린이라는 것을 연상할 수 있다. 필요한 것은 정보를 떠올리게 해줄 실마리 하나뿐이다. 고르는 이미지가 이름과 꼭 같아야 할 필요는 없다.

나라	수도
앙골라	루안다
바하마	나소
불가리아	소피아
코스타리카	산호세
에스토니아	탈린
피지	수바
모로코	라바트

다음 페이지로 ●┄┄┄▶

오만　　　　무스카트

카타르　　　도하

잠비아　　　루사카

연결고리를 얼마나 잘 만들었는지 확인하기 위해 공책에 다음 질문의 답을 써보자.

1. 피지의 수도는?
2. 루사카는 어느 나라의 수도인가?
3. 바하마의 수도는?
4. 카타르의 수도는?
5. 탈린은 어느 나라의 수도인가?
6. 무스카트는 어느 나라의 수도인가?
7. 앙골라의 수도는?
8. 산호세는 어느 나라의 수도인가?
9. 불가리아의 수도는?
10. 라바트는 어느 나라의 수도인가?

점수: 맞힌 답 하나당 10점

최고점:100　**초급:**30+　**중급:**60+　**고급:**80+

어떤 기억력 기술도 쓰지 않고 처음 이 테스트를 해본 사람들이 얻는 일반적인 점수가 30점 정도다. 만점을 받기 위해서는 읽고 또 읽어야 한다. 하지만 나라와 수도 사이에 연관을 만들면 짧은 시간에 훨씬 효과적으로 정보를 기억하고 더 높은 점수를 받을 수 있다. 60점 이상을 받았다면 당신의 기억력은 훌륭하게 발전하고 있다.

외국어가
어렵다는 건 편견

일 때문이든 여행 때문이든, 혹은 자녀의 제2외국어 공부를 돕기 위해서나 그냥 다른 나라 말로 기본적인 의사소통을 하고 싶어서든 간에 외국어 학습 때 이 단계의 기술을 잘 익혀두면 단어를 빠르게 외울 수 있다.

핵심은 외국어 단어의 발음과 의미 사이의 공통 연결고리를 당신의 모국어로 찾는 것이다. 예를 들어 독일어로 베이컨 (bacon)은 스펙(speck)이다. 연결고리를 만들기 위해 얇게 썰린 베이컨을 의인화해 대학 졸업장을 비롯한 위풍당당한 스펙을 갖고 으쓱거리는 모습을 상상해보라.

이 기술을 좀 더 효과적으로 만들기 위해 이미지를 즉시 끄집어낼 수 있는 곳에 저장해둬야 한다. 또 많은 언어가 명사에 성을 가지는데 내 성별 구역 기술을 쓰면 두 가지 문제를 한꺼번에 해결할 수 있다.

_성별 구역

스페인어나 프랑스어처럼 두 가지 성별을 갖는 언어의 경우 성별 구역은 당신이 생각하기에 모든 것이 남성적인 곳이나 여성적인 곳, 두 개의 장소가 필요하다. 예를 들어 프랑스어에서 나는 남성 명사를 내 고향인 영국 서리에 저장해둔다. 여성 명사는 다른 지역인 콘월에 둔다. 서리의 어느 병원을 떠올리면 나는 병원이 프랑스어로 남성 명사인 un hôpital이라는 것을 떠올릴 수 있다. 우체국이 여성 명사인 la poste라는 걸 기억하기 위해서는 콘월의 특정 우체국을 생각한다. 이 장소들만 떠올릴 수 있으면 절대 두 단어의 성별을 헷갈리지 않게 된다.

이 성별 구역은 연관 이미지를 저장하는 분류 시스템으로도 사용된다. 프랑스어로 바다는 mer인데 발음이 '메어'와 비슷하다. 나는 콘월 해변가의 바다 앞에 앉아 목이 메도록 우는 여자를 상상한다. 자, 이제 두 정보를 하나의 이미지에 모두 넣었다. 콘월(나의 여성 지역) 바다를 배경으로 했으니까 mer가 바다라는 뜻이고 여성 명사라는 것까지 알 수 있다.

테스트: 성별 구역

다음 열 개의 스페인어 단어와 성별을 외우자. 기억의 핵심 열쇠인 연상, 장소, 상상을 이용하라. 자신만의 성별 구역을 고르고 다음과 같은 방법으로 각각의 단어를 기억하자.

1. 단어의 성별을 보고 각각의 지역으로 보내라
2. 스페인어 발음과 의미 사이에 연관고리를 찾아라
3. 이미지나 장면을 만들고 선택된 지역의 적당한 장소에 전략적으로 배치하라

자, 목록의 첫 번째 단어를 보면 나는 이것을 콘월(나의 여성 지역)에서 소금과 관련된 장소에 배치한다. 콘월의 잘 아는 조그만 식당에 앉아 삼겹살에 소금을 뿌리고 쌀과 먹는 장면을 상상한다. 이제 목록의 나머지 단어를 당신이 직접 해보자.

뜻	스페인어	성별(남/여)
소금	la sal	여
발[足]	el pie	남
들판	el campo	남
소매	la manga	여
고양이	el gato	남
요람	la cuna	여
노	el remo	남
벽	el muro	남
별	la estrella	여
침대	la cama	여

다음 페이지로 •----▶

이제 열 개의 의미를 공책에 쭉 적어보자. 그런 다음 옆에 제대로 스페인어 단어와 정확한 성별을 쓸 수 있는지 확인해보자.

점수: 맞힌 단어 하나당 5점, 맞힌 성별 하나당 5점

최고점:100　　**초급:**30+　　**중급:**60+　　**고급:**90+

자신만의 성별 구역에 모든 명사를 저장하고 나면 형용사, 동사, 숫자, 달 등을 저장할 다른 익숙한 장소를 얼마든지 더 만들어도 된다. 예를 들어 가장 흔하게 사용하는 형용사는 당신의 집 근처 공원에 저장해둘 수 있다. 걷다, 뛰다, 점프하다, 수영하다 같은 운동형 동사는 가까운 운동센터에 저장할 수 있다. 똑같은 방법으로 새로운 지역을 만들고 단어를 연결시켜라.

Step 20

과거로
시간여행하자

당신은 얼마나 옛날까지 기억하는가? 한 살 때 일은 거의 떠올리지 못하고 대부분은 서너 살 무렵부터 기억한다. 그래서 우리가 가진 얼마 안 되는 어린 시절의 기억은 굉장히 소중하다.

우리는 이 초반의 기억 하나하나를 이정표로 여긴다. 그 기억이 머리에 남은 이유가 뭐든 간에 지금의 우리를 만드는 데 중요한 역할을 했다. 기억들이 우리 자신인 것이다.

과거의 기억으로 돌아가기 위해 내가 사용하는 방법 중 하나는 '시간여행'이다. 기억을 순차적으로 불러일으키는 과거의 어느 장소로 돌아가는 것이다. 학교일 수도, 친척 집이나 당신이 옛날에 살던 동네일 수도 있다.

다음의 연습을 통해 직접 이 방법을 사용해보자. 기억을 더 많이 풀어놓을 과거의 특정 시간과 장소로 돌아가는 것이 이 연습의 목표이다.

기억력 향상에 도움이 되는 훈련이기도 하니 하루에 5분에서 10분 정도 과거의 특정 시간과 장소로 돌아가는 연습을 계속해보자. 매번 그 장면으로 돌아갈 때마다 당시 상황이 더욱 명확하게 보일 것이다. 그 특정 시간과 장소에 긴밀하게 연결될수록 기억이 하나하나 되살아난다. 또한 꿈에 그 기억이 나타나기도 할 것이다. 이런 식으로 잃어버렸던 기억의 지그소 퍼즐을 맞출 수 있다.

연습: 시간여행

직접 시간여행을 해보자. 연상, 장소, 상상이라는 기억의 핵심 열쇠를 사용해 과거의 장면을 눈앞에 생생하게 되살려보자.

① 학교 운동장이나 박물관, 낡은 다락방이나 자주 시간을 보낸 마당 한구석처럼 특정 장소를 골라라. 어디서 시작하든 간에 머릿속으로 자세히 그 장면을 그린다. 벽에 걸린 그림, 옛날에 읽었던 책이 꽂힌 유리문이 달린 책장 등을 떠올리자.

다음 페이지로 ◆····▶

② 장소와 관계가 있는 사람들을 생각해보자. 목소리, 웃는 모습, 특별한 행동 등을 떠올리자.

③ 이 장소에서 한때 들었던 끽끽거리는 문소리, 지나가는 열차 소리, 밖에서 노는 아이들의 목소리나 당시 들었던 음악 등을 떠올려보라. 냄새는 어떤가? 신선한 꽃향기? 나무 냄새? 돌로 된 벽이나 철제 문, 낡은 의자 팔걸이의 천처럼 주변의 물건들이 손끝에 어떻게 느껴졌는지도 떠올려보자.

④ 당시 감정은 어땠는가. 행복했나, 우울했나, 아무 걱정도 없었나, 세상이 두려웠나, 아니면 사랑에 빠져 있었나? 과거로부터 더 많은 사실을 알아낼수록 더 많은 기억이 풀려나올 것이다.

인의 원자번호는
몇 번일까?

몇 년 전 플로리다에서 기억력에 관한 텔레비전 쇼를 찍었다. 거기서 내 기억법의 효과를 보여주기 위해 열한 살 정도 된 초등학생 두 명에게 주기율표의 원소 서른 개를 외우게 했다. 두 아이 모두 전에 기억법을 배워본 적이 없었지만 약 20분 후 둘 다 원소를 올바른 순서대로 앞에서부터 뒤로, 뒤에서 앞으로 읊을 수 있게 되었다. 또한 '인의 원자번호가 몇 번이지?' 같은 질문에 '15'라고 정확하게 답했다.

기억력을 높이기 위해 나는 아이들에게 텔레비전 스튜디오 안을 따라 짧은 여행을 하며 적당한 장소에서 각각의 원소들이 튀어나오는 모습을 상상해보라고 시켰다.

　스튜디오 정문 앞에서 아이들은 작은 폭발이 일어나는 모습을 상상했다. 이것은 첫 번째 원소인 수소를 외우기 쉽게 만들어주는 상상이다. 길을 따라가면서 우리는 각각의 정거장에서 연관이 될 만한 것을 떠올렸다. 네 번째 정거장에서 아이들이 베릴륨(네 번째 원소)과 연관된 것을 아무것도 떠올리지 못해 나는 베릴이라는 할머니가 편집실(네 번째 정거장)에서 뜨개질을 하는 모습을 상상하라고 말해주었다. 열 번째 정거장(녹음실)에서는 문 위에 번쩍거리는 네온사인 간판이 달린 장면을 상상했다. 여행이 끝나자 우리는 모든 원소를 기억하기 쉬운 이미지로 바꾸었고, 여행 자체가 원소 순서를 올바르게 저장해주었다.

테스트: 주기율표

다음은 주기율표의 처음 열다섯 개 원소이다.

원자번호	원소
1	수소
2	헬륨
3	리튬
4	베릴륨
5	붕소

다음 페이지로 ●·····▶

6	탄소
7	질소
8	산소
9	플루오린
10	네온
11	소듐
12	마그네슘
13	알루미늄
14	규소
15	인

자신만의 여행지를 이용해 열다섯 개 정거장을 만들고 이를 통해 열다섯 개 원소 이름을 외워보자. 지금쯤이면 이 정도는 8분 안에 할 수 있어야 한다. 시간이 다 되면 공책에 열다섯 개의 원소 이름을 적어보자.

점수: 틀리기 전까지 맞은 원소 하나당 10점

최고점:150　　**초급**:50+　　**중급**:90+　　**고급**:140+

요가 동작이
기억나지 않아

이 단계에서는 서술 기억을 강화하는 방법을 살펴본다. 테니스나 요가처럼 새로운 운동을 배우고 싶다면 강사나 DVD, 책에서 지시하는 내용을 주의 깊게 듣고 실제로 해볼 것이다. 이런 지시의 순서를 외우는 것을 서술 기억이라고 한다.

시간이 지나면 행동이 자동화돼 더 이상 의식적으로 기억을 불러낼 필요가 없어진다. 하지만 기억 자체는 여전히 중요한 역할을 담당하는데 이를 반사적 기억(반복으로 학습되는 것)이라고 한다. 모든 조언을 제대로 기억할 수 있다면 새로운 기술에 얼마나 빨리 또 정확하게 능숙해질 수 있을지 상상해보라.

여행법은 서술 기억을 효과적으로 강화시킨다. 이는 새로운 기술을 배울 때, 특히 순서대로 여러 행동을 해야 하는 분야에서 최고의 시작점을 만들어준다. 다음의 연습에서 짧은 여행을 통해 요가 동작 순서를 장기기억으로 쉽게 저장하는 방법을 보여주겠다. 각 동작을 집 안의 여러 장소에서 해보는 장면을 상상하면 동작뿐 아니라 순서까지도 머릿속에 남는다. 다시 처음부터 끝까지 순서대로 하려고 할 때 여행법이 생생하게 상기시켜준다.

연습: 요가 동작 기억하기

이 다섯 동작은 무릎 꿇기–고양이–백조 자세를 하는 방법이다.

1. 무릎을 꿇고 앉아 허벅지에 손을 얹은 채 눈을 감는다
2. 숨을 들이쉬면서 팔을 부드럽게 머리 위로 들어 올리고 무릎 아래는 바닥에 댄 채 몸을 세운다
3. 숨을 내쉬면서 부드럽게 손을 내려 손을 무릎 앞 바닥에 대고 엎드린 자세를 만든다
4. 숨을 들이쉬고 팔꿈치를 구부려 등 한가운데를 위로 둥글게 말아 올린다(이것이 고양이 자세다)
5. 숨을 내쉬면서 엉덩이를 뒤로 밀어 발뒤꿈치에 앉은 자세를 취한다. 팔은 앞으로 뻗은 채 그대로 유지한다(백조 자세다)

다음 페이지로 ●----▶

집 안의 다섯 군데를 도는 여행 경로를 만든 다음 각각의 동작을 정 거장마다에 저장하라. 첫 번째 동작은 집 복도에, 두 번째 동작은 거 실에 저장할 수 있다.

첫 번째 정거장에서 첫 번째 동작을 하는 자신의 모습을 상상하라. 그런 다음 두 번째 정거장으로 가서 두 번째 동작을 하고, 세 번째로 이동한다. 나중에 이 다섯 단계의 여행을 머릿속으로 쭉 훑어보면서 매끄럽게 동작을 전부 마칠 수 있는지 확인하자.

도미니크
기억법 Ⅰ

12단계와 13단계에서 우리는 숫자의 모양과 발음을 사용해 숫자를 이미지로 변환하는 간단한 방법을 살펴보았다. 이 기술은 내가 '숫자 언어'라고 부르는 것을 익히기 위한 시작 단계로 한 자리 숫자를 외울 때 유용하다. 하지만 대회에 나가서 더 큰 숫자를 암기해야 할 때는 다른 방법이 필요하다. 100자리 숫자를 쭉 읽고 금방 외울 수 있는 방법 말이다.

그래서 도미니크 기억법을 만들었다. 도미니크는 '숫자를 인물로 치환하여 기억하는 해석법(Decipherment Of Mnemonically Interpreted Numbers Into Characters)'의 두문자이다. 숫자-모양이나 숫자-발음보다 훨씬 복잡하지만 시간을 들여 익혀놓으면 더 유용한 방법이라는 걸 알게 된다.

도미니크 기억법을 사용하면 두 자리 숫자는 모두(00부터 99까지 총 백 개가 있다) 사람으로 바꿀 수 있다. 왜 숫자를 사람으로 바꾸어야 할까? 사람, 특히 내가 익숙하고 명확하게 아는 사람일수록 숫자보다 외우기가 쉽기 때문이다. 왜 물건으로 하지 않느냐고? 사람이 물건보다 여러 가지로 변형하기가 좋기 때문이다. 사람은 어떤 상황에든 집어넣을 수 있고 각기 다른 환경에서 수많은 방식으로 반응을 보인다. 의자에 생크림 케이크를 집어던진다고 해 무슨 일이 일어나지는 않지만 사람에게 집어던지면 격렬한 반응을 얻을 수 있다.

_어떻게 사용할까?

우선은 공책에 00부터 99까지 백 개의 숫자를 위에서부터 한 줄로 쭉 쓴다. 옆에 칸 세 개를 더 만들어라. 이니셜/사람/행동과 소품 란이다(96페이지 참고). 왜 이런 게 필요한지는 금방 알게 된다. 그런 다음 이중에서 자신에게 중요한, 의미가 있는 숫자를 찾아보자. 나는 10을 보자마자 영국 총리를 떠올린다. 영국 총리가 사는 곳이 다우닝 가 10번지이기 때문이다. 49라면 미국 슈퍼볼 팀인 샌프란시스코 '포티나이너스(49ers)'가 떠오른다. 57을 보면 자동적으로 내 대부님이 연상된다. 내가 태어난 해가 1957년이니까. 어떤 식으로 연상하든 상관없다. 그저 그 숫자를 보면 항상 특정 인물이 떠오르기만 하면 된다.

이런 연상 과정을 할 만큼 했다면 다음 단계는 남은 두 자리 숫자들(사람으로 즉시 바꿀 수 없는 숫자들)에 글자를 부여하는 것이다. 기본적인 치환법을 사용해 모든 숫자를 알파벳으로 바꾼다. 나는 이런 식으로 한다.

1=A 2=B 3=C 4=D 5=E 6=S 7=G 8=H 9=N 0=O

숫자 1부터 5와 7, 8은 그 순서에 맞는 알파벳으로 짝을 지었다. O는 생긴 모양 때문에 0과 짝을 지었고, 숫자 6(six)은 'S' 발음을 두 개나 가졌기 때문에 S와 짝이다. N이 9(nine)에 두 번 들어가기 때문에 9의 대표로 삼았다.

이 간단한 순서를 외웠으면 이제 숫자들로 사람의 이름 이니셜을 만들 수 있다. 이는 친구, 친척, 정치인, 코미디언, 배우, 운동선수, 여자, 심지어 악명 높은 악당의 이름이 될 수도 있다.

어떤 식으로 하는지 한 번 보자. 두 자리 숫자를 하나 골라라. 72라고 하자. 이 숫자를 그에 맞는 도미니크 알파벳으로 바꾸면 GB(7=G, 2=B)가 된다. GB 이니셜에서 어떤 사람이 떠오르는가? 조지 부시? 그렇다면 이제 숫자 72의 핵심 이미지, 아니 정확히 말해 핵심 인물은 바로 조지 부시가 되는 것이다. 숫자 40은

DO(4=D, 0=O)가 되는데 이것은 나 자신의 이니셜이기도 하다.

사람들의 이미지를 완벽하게 사진처럼 떠올릴 필요는 없다. 그냥 대표 이미지로 알아볼 수만 있으면 된다. 가장 좋은 방법은 각각의 사람들에게 행동과 소품을 부여하는 것이다. 조지 부시에게는 미국 깃발을 흔들게 하고, 도미니크 오브라이언은 트럼프 카드를 나누는 모습으로 상상하는 식이다.

이제 갑자기 모든 숫자가 의미를 갖게 되었다. 우리가 숫자에 생명을 불어넣자 자기만의 개성을 갖고 살아난 것이다.

이 책 후반에서 캐릭터들을 합쳐 네 개 이상의 숫자 집단을 기억하는 복합 도미니크 기억법을 알려주겠다. 하지만 그 전에 이 기억법이 어떻게 작동하는지 파악하기 위해 두 자리 숫자들 중 앞쪽에 있는 몇 개를 살펴보며 연습해보자.

먼저 뽀빠이의 여자친구 올리브 오일, DNA를 연구한 오스왈드 에버리, 애니메이션 〈톱캣〉에 나오는 오피서 디블 등 이니셜을 보고 자신이 바로 떠올릴 수 있는 인물을 택한다.

숫자	이니셜	사람	행동과 소품
00	OO	올리브 오일	시금치 캔을 열고 있다
01	OA	오스왈드 에버리	현미경을 들여다보고 있다
02	OB	올랜도 블룸	엘프 귀를 하고 있다
03	OC	올리버 크롬웰	머스킷 총을 장전한다
04	OD	오피서 디블	톱캣을 쫓아다닌다

05	OE	올드 이토니언	맥고 모자를 썼다
06	OS	올리버 스톤	영화감독 의자에 앉아 있다
07	OG	오건 그라인더	원숭이를 데리고 있다
08	OH	올리버 하디	중산모를 썼다
09	ON	올리버 노스	욕을 한다

앞의 표는 내가 각각의 이니셜에 걸맞은 사람과 그들의 행동, 소품을 제시한 것이다. 내 아이디어를 그대로 공책에 쓰거나 자신만의 캐릭터를 만들고 기억하기 좋은 행동을 부여하라.

이제 다음 열 개의 숫자(10부터 19)로 가보자. 마찬가지로 내가 제안하는 캐릭터를 사용하거나 자신만의 캐릭터를 생각하라.

여기 나온 영어 이름이 낯설다면 자신이 알고 있는 다른 인물이나 한국 이름으로 바꾸어도 좋다. 예를 들어 OD는 오동근이 될 수 있다.

숫자	이니셜	사람	행동과 소품
10	AO	애니 오클리	총을 쏜다
11	AA	안드레 애거시	테니스 라켓을 휘두른다
12	AB	앤 불린	참수당한다
13	AC	알 카포네	술병을 들고 있다
14	AD	아트풀 다저	소매치기를 한다
15	AE	앨버트 아인슈타인	칠판에 글을 쓴다
16	AS	아놀드 슈워제네거	근육을 불끈거린다

17	AG	알렉 기네스	광선검을 휘두른다
18	AH	아돌프 히틀러	군인식 행진을 한다
19	AN	알프레드 노벨	다이너마이트에 불을 붙인다

　　도미니크 기억법은 여행법과 결합해 사용 가능한 가장 중요한 기술이다. 이 책의 52단계 코스에 따라서 차근차근 도미니크 기억법을 설명한다. 읽으면서 결국 당신에게 상당히 친숙해질 백 명의 이니셜들을 하나씩 공을 들여 외워라. 확실하게 익히면 나중에 숫자 정보를 외울 때 놀랄 만큼 뛰어난 실력을 발휘할 수 있게 된다.

테스트: 도미니크 기억법 I 사용하기

도미니크 기억법의 처음 스무 명의 이름을 다 익혔으면 이제 여행법(10단계)을 사용해 다음의 불규칙적인 스무 자리 숫자를 외울 수 있을 것이다.

18110607001817120308

이 여행 경로에는 열 개의 정거장만 있으면 된다. 정원 같은 곳으로 여행지를 고르고 두 자리 숫자를 각각 사람으로 바꾸어서 각 정거장에 배치하라. 숫자를 이니셜로 바꾸면 다음과 같이 된다.

다음 페이지로 ●----▶

18 11 06 07 00 18 17 12 03 08

AH AA OS OG OO AH AG AB OC OH

상상, 연상, 장소라는 세 가지 핵심 열쇠를 사용해 18이 상징하는 사람부터 시작해 이야기를 만들어라. 나는 아돌프 히틀러(AH=18)가 장미 꽃밭을 따라 행군하는 모습을 상상하고, 그다음에는 안드레 애거시(AA=11)가 헛간에서 테니스를 치고……. 뭐 그런 식으로 만든다. 그리고 무성영화 시대 코미디 듀오 로렐과 하디 중 한 명이었던 올리버 하디(OH=08)가 중산모를 쓰고 내 정원 제일 끄트머리에 있는 장면으로 마친다.

이제 책을 덮고 도미니크 기억법과 여행법을 이용해 만든 암기법을 떠올리면서 공책에 숫자를 써보자. 몇 개나 순서에 맞게 썼는가?

점수: 틀리기 전까지 올바르게 기억한 숫자 하나당 5점

최고점:100   **초급**:30+   **중급**:60+   **고급**:80+

유머왕이 되는
농담의 기술

왜 농담을 외우는 게 의외로 힘든 걸까? 음, 농담을 들으면 우리는 대체로 웃고 즐기느라 바빠서 그걸 기억하려는 생각조차 하지 않기 때문이다.

농담을 장면으로 변환하거나 상상력을 발휘해 적당한 이미지와 연관시키는 식으로 시각적으로 축약하면 내용이 머릿속에 확실히 입력된다. 이론적으로는 그 이미지만 떠올리면 저절로 농담이 생각난다. 애초에 기억할 만한 농담이라면 말이다. 하지만 어떻게 실마리가 되는 시각 자극을 확실하게 만들 수 있을까? 당신이 친구와 서커스에 관해 이야기를 나누는데 머릿속 깊은 곳에 사자 조련사에 관한 농담이 잠들어 있다고 해보자. 몇 달 전 당신은 그 농담을 사자 조련사가 사자에게 잡아먹히는 생생한 이미지와 연결을 시켜두었다. 하지만 자신이 예전에 이 농담을 듣고 외우려고 했었다는 사실 자체를 잊었기 때문에 친구의 서커스 이야기로는 이미지를 되살릴 만한 자극이 되지 못했다. 그래서 당신은 우스운 이야기를 할 기회를 놓쳤다.

자, 그러면 한 번 외운 농담이 필요할 때 딱딱 되살아나게 하려면 어떻게 해야 할까? 해답은 이것이 제2의 천성이 될 때까지 종종 의식적으로 끄집어내 연습을 해야 한다는 것이다. 어떤 기억법을 사용했든 그것은 그저 발판일 뿐이다. 준비 단계, 즉 농담을 저장할 때는 유용하지만 농담 전체가 머릿속에 확실하게 입력되었다면 이제 버려도 된다. 여행법(10단계)을 사용해 농담을 외워보자. 당신의 집에 방이 열 개 있다고 해보자. 여기에 친구네 집을 더해 총 여행 경로를 스무 개의 방, 또는 스무 개의 장소로 만들 수도 있다. 새로 들은 농담에 이미지를 연결하고, 이것을 당신이 미리 순서를 정해놓았던 집 안의 장소 하나하나에 머릿속으로 저장하라.

새 농담을 듣고 난 직후 다섯 명에게 이야기를 해주어라. 이렇게 하면 확실하게 기억하는 데 도움이 된다. 스무 개의 방을 농담으로 다 채우고 나면 이 모든 레퍼토리를 가끔씩 쭉 복습하라. 조만간 이 농담들이 알파벳 외우듯이 쉬워질 거고 필요할 때면 언제든 원하는 것을 불러낼 수도 있다.

이야기 타입 농담과 말장난 농담

농담은 가끔씩 짧은 이야기 형태로 되어 있어서 선명한 이미지 하나만으로는 기억하기가 어려울 때도 있다. 해결책은 농담에 들어 있는 각각의 에피소드에 이미지를 하나씩 결합한 다음 머릿속으로 각 이미지를 저장 장소의 특정 물건들에 연결하는 것이다. 더 이상의 설명은 다음 단계의 소설 내용 외우기에서 마저 하겠다. 또 많은 농담들이 말장난으로 이루어져 있어서 핵심 문구를 외우는 게 어려운 경우도 있다. 이럴 때는 40단계에서 나오는 시를 효과적으로 외우는 방법을 참고하라.

그 소설은
무척 재밌었지

소설 읽기는 훌륭한 취미 생활이다. 우리들이 워낙 공사다망하다 보니 한 번에 30분 이상 시간 내기가 힘들고, 그나마도 일주일에 두세 번밖에는 못하지만 말이다. 그래서 책을 절반도 읽기 전에 앞부분 내용은 잊어버리기 일쑤다. 이야기의 큰 줄기역시 알 수가 없다. 앞에 나와 있던 사건의 동기도 아마 눈치채지 못했을 것이다. 설령 큰 줄기는 따라간다고 해도 소소한 사건들은 전혀 기억나지 않을지 모른다.

'아니, 난 복잡한 줄거리도 잘 따라갈 수 있다고!'

이렇게 주장할지도 모르겠다. 하지만 다 읽은 다음 전반적인 줄거리를 얼마나 오랫동안 기억할 수 있을까? 한 달? 두 달? 여섯 달? 아주 잠깐밖에 기억하지 못한다면 책을 읽은 후 돌이켜 보며 얻는 즐거움을 완전히 놓치고 있는 것이다. 기억법을 사용하면 책의 내용을 지금뿐만 아니라 나중에도 돌이켜보며 즐길 수 있다.

여행법으로 소설 내용을 외우는 귀찮은 일을 하고 싶은 사람은 별로 없겠지만, 마인드맵(28단계)으로 도움을 받는 것은 좋은 생각이다. 하지만 가장 유용한 기술은 상상력을 발휘해 책을 읽는 것이다. 장면 장면을 최대한 생생하게 머릿속에 그려봐라. 캐릭터의 위기에 감정이입을 하라. 특정 인물의 외모나 성격, 성장배경을 좀 더 뚜렷하게 상상하기 위해 당신이 아는 거기에 어울릴 만한 사람을 떠올려라. 아는 장소를 떠올리면 배경을 그리는 데 도움이 될 수도 있다. 외국이라면 잡지나 텔레비전에서 본 장소들을 떠올려도 좋다.

많은 독자가 착각하는 점이 소설은 읽고 있을 때만 즐길 수 있다고 생각하는 것이다. 사실 책을 덮고 나서 잠시 동안 머릿속에서 캐릭터와 사건들이 숙성되게 놔뒀다가 곱씹어보면 훨씬 더 재미있을 때도 있다. 이 책의 캐릭터가 되면 어떤 기분일까 상상해보라.

연습: 영화 전체 기억하기

영화는 소설과 비슷하게 몇 달만 지나면 아주 재미있었던 것도 잊어버리기 쉽다. 어떤 영화 이야기가 나왔을 때 뭐가 좋았고 싫었는지 기억이 나지 않아 자신을 걷어차 주고 싶었던 때가 있었을 것이다. 물론 몇몇 영화들, 특히 범죄 수사물 같은 것들은 고의로 엉뚱한 줄거리를 따라가게 만들기도 한다. 그래서 회상할 때도 헷갈릴 수 있다. 이런 영화를 보고 나서는 친구들과 어울려 처음부터 끝까지 줄거리의 비비꼬인 구조를 재구성해보는 것도 재미있다. 이걸 이용해 제대로 스토리를 기억하는 사람에게 점수를 주는 식으로 게임을 해볼 수도 있다. 정신을 바싹 집중하면 주인공의 이름 정도는 기억이 나야 한다(이런 기본적인 정보도 기억하지 못한 채 극장을 나오는 사람들이 얼마나 많은지 알면 깜짝 놀랄 거다). 하지만 주변 캐릭터와 장소, 사람들의 집이 어떻게 꾸며져 있었는지 등도 기억할 수 있는지 확인해보라. 기억력 테스트의 범위는 무궁무진하다.

Step 26

핵심 정보만
쏙쏙 빠르게

우리는 정보의 홍수 시대에 살고 있다. 그래서 그 많은 미디어에 등장하는 모든 단어 하나하나를 다 읽을 시간 여유가 없다. 다행스러운 것은 내용을 이해하기 위해 페이지의 단어를 처음부터 끝까지 전부 읽을 필요는 없다는 점이다.

사실 핵심 단어에만 집중하면 다 읽는 것보다 훨씬 효율적으로 내용을 파악하고 정보를 저장할 수 있으며 그만큼 읽는 속도가 빨라진다. 그러니까 속독은 '빠르게 기억하는 기술'이라고 말할 수도 있다.

글을 읽는 평균 속도는 보통 학생의 경우 분당 200단어 정도

이고, 내용의 파악 수준은 제각기 다르다. 하지만 연습을 통해 분당 1,000단어까지 속도를 높일 수 있다. 다음에 설명하는 속독의 핵심 열쇠를 따라가기만 하면 된다.

_속독의 원리

포인터를 사용하라. 펜이나 손가락 같은 일종의 포인터를 사용하는 게 처음에는 부자연스럽게 느껴질 수도 있지만, 눈이 줄을 매끄럽게 따라가는 데 도움이 된다. 또 다른 데 한눈팔지 않고 계속적으로 글을 읽게 만들어준다. 문단이나 짧은 글 전체를 쉬지 말고 단 한 번만 읽고 핵심을 기억하라.

집중력을 100퍼센트 가동하면 앞을 다시 볼 필요가 없다. 사소한 단어에 집착하지 마라. 일률적인 속도를 쭉 유지하고 포인터를 움직이는 데 맞춰 읽는 속도를 점점 높여보라.

연습: 속독

우선은 현재 읽는 속도를 파악해보고 그다음 속도가 점점 빨라지는지 계속 확인하라.

① 책이나 잡지, 신문에서 쭉 이어져 있는 짧은 글을 골라서 평소와 같은 방식으로 한 페이지 안에 있는 내용을 가능한 한 빨리 읽어

다음 페이지로 •·····▶

라. 한 페이지 안에는 약 250단어 정도가 있다. 초시계로 읽는 시간을 재라. 아니면 친구에게 시간을 재달라고 부탁하고 마지막 문장을 다 읽자마자 손을 들어라. 그런 다음 아래 공식을 이용해 읽는 속도를 계산하자.

(읽은 총 단어 수 ÷ 걸린 시간(초)) × 60 = 분당 읽는 단어

② 공책에 방금 읽은 짧은 글(사실과 예시 등을 포함해)의 주요 내용들을 적어보며 얼마나 이해했는지 그 정도를 확인해보라. 아니면 친구에게 내용에 관한 질문을 하라고 부탁해도 좋다. 글의 주요 내용을 모두 다 이해했는지 확인하라.

③ 비슷한 양의 글을 하나 더 골라라. 이번에는 앞 페이지에서 설명한 속독 원리를 적용해 읽어보라.

④ 새로운 속도를 위의 공식을 이용해 계산하라. 앞에서 한 것처럼 내용을 다 이해하고 있는지 확인하라. 첫 번째 결과와 두 번째 결과를 비교해보자.

⑤ 속독과 내용 파악 사이에 적당한 균형을 찾을 때까지 새로운 글을 골라 속도를 바꿔가며 여러 번 시험해보자.

인용문만 알아도
멋있어 보인다

오스카 와일드나 마크 트웨인 같은 작가, 아니면 앨버트 아인 슈타인이나 랠프 월도 에머슨 같은 사상가의 말을 일상 대화에 서 슬쩍 인용하면 사람들은 굉장히 감탄하며 토론에서도 우위 에 설 수 있다. 하지만 인용문은 외우기가 까다롭다! 게다가 반 만 기억하거나, 불완전하게 말하거나, 누가 말했는지 모르면 아 무 소용이 없다. 오히려 어설퍼 보이는 좋지 않은 인상을 줄 수 있다. 이 단계에서는 유용하거나 용기를 주는 인용문을 장기적 으로 기억하는 방법을 살펴보겠다.

농담과 마찬가지로 인용문을 기억에 확실하게 박아놓는 최고의 방법은 선명한 이미지와 연관 짓는 것이다. 하지만 두 가지 차이점을 명심하라.

첫째, 문장의 축약 이미지를 떠올릴 수 있어야 한다(외국의 유명 경구의 경우 번역 과정에서 어느 정도 의미 차이가 생길 수 있지만).
둘째, 누가 이 말을 처음으로 썼는지 기억해야 한다.

여행법을 이용하는데 24단계에서 했던 농담을 외우는 조언을 따라간다. 글로 쓰인 말을 기억하는 거니까 서점이나 동네 도서관 같은 곳이 딱 좋은 여행지다. 건물의 적당한 구역에 걸맞은 인용문을 저장할 수 있다. 가능하면 인용문의 저자와 내용을 한꺼번에 합친 이미지를 떠올린 다음 적당한 정거장에 하나하나 저장하자. 세세한 정보까지 기억해두면 인용문의 문구 자체를 재구성할 때 도움이 된다.

이제 실제적으로 어떻게 접근해야 하는지 알아보자. 다음은 윈스턴 처칠이 한 말이다.

"비관론자는 모든 기회 속에서 어려움을 본다. 낙관론자는 모든 어려움 속에서 기회를 본다."

첫 번째 단계는 인용문의 핵심을 요약하는 이미지를 정하는 것이다. 위 인용문의 모범적인 이미지는 물이 든 컵이다. 낙관론자는 컵의 물이 반이나 남았다고 말하는 반면 비관론자는 반밖에 안 남았다고 한다는 이야기는 모두 잘 알 것이다. 이제 뚱뚱하고 시가를 든 처칠이 낙관적인 표정을 하고서 물이 반만 든 컵(아니면 술이 반만 든 술잔)을 든 모습을 상상한다. 윈스턴의 '윈'은 승리, 낙관론과 연관될 수 있으니까 내용을 더 확실하게 외우게 해준다. 또한 문장이 서로 거울에 비춘 것 같은 모양임을 알아챘을 것이다('기회 속에서 어려움…… 어려움 속에서 기회'). 그러니까 처칠의 얼굴이 컵에 거울처럼 비치는 것을 생각하자.

인용문의 저자가 잘 모르는 사람이라 떠오르는 게 없다면 이름을 음절 단위로 자른 다음 이 책 앞부분에서 이야기한 연결고리 중 아무 거나 끄집어내고 상상력을 발휘해 이미지로 바꿔라.

연습·인용문 외우기

다음 세 개의 인용문을 적당한 이미지를 사용해 외워보라(이번 단계에서 설명한 기술 중 아무 거나 이용해도 된다). 각 경구를 말한 사람에게 어울리는 이미지도 떠올려라. 각자가 아는 정도가 다를 것이다. 스포츠 애호가들은 '조–'까지만 말해도 곧장 마이클 조던을 떠올리는 반면에 스포츠에 관심이 없는 사람은 이름(초대 배트

다음 페이지로 •·····▶

맨 배우?)과 성(요르단과 같은 스펠링?)을 좀 더 복잡하게 외워야 할 수도 있다.

여행법을 사용해 편리한 위치에 이미지를 저장하자. 이를테면 당신의 집 처음 세 개의 방도 좋다. 우리는 지금 단기기억을 시험하고 있으니 지금부터 30분 후에도 이 세 개의 인용문과 앞장에서 본 처칠의 말을 기억하고 있는지 확인하는 게 목표다. 총 네 개의 인용문과 저자를 암기해야 한다. 알람을 맞춰놓아라.

"나는 실패는 받아들일 수 있다. 모두가 가끔은 실패하니까. 하지만 노력하지 않는 것은 받아들일 수 없다."

– 마이클 조던, 미국 농구 스타

"내가 더 멀리까지 보았다면 그것은 거인의 어깨 위에 서 있었기 때문이다."

– 아이작 뉴턴, 영국 과학자

"대답이 아니라 질문으로 사람을 판단하라."

– 볼테르, 18세기 프랑스 사상가

점수: 맞게 기억한 인용문 하나에 10점(단어까지 정확하게 모두 맞아야 한다), 맞은 이름과 직업 하나씩에 각 5점

최고점:60   **초급:**20+   **중급:**30+   **고급:**50+

자신만의
마인드맵 만들기

마인드맵은 주제를 전체적으로 단순화된 도표로 보여주어 뇌가 쉽게 받아들일 수 있는 시각적 형태로 정보를 알려주는 최고의 방법이다. 책이나 신문, 잡지에서 읽은 내용이나 강의, TV, 라디오 프로그램에서 들은 내용을 요약해 기록할 때 유용하다.

마인드맵은 1960년대 내 친구이자 동료인 토니 부잔이 만들었다. 토니는 마인드맵을 좌뇌와 우뇌가 서로 협조하게 만들어서 동시에 사용하는 좋은 방법이라고 여겼다. 분석적이고 논리적인 좌뇌는 정보를 이해하고 평가한다. 창조적이고 직관적인 우뇌는 시각적 형태를 찾는다. 마인드맵이 어떻게 작동하는지 이해시키기 위해 아래에 각 뇌와 관련된 활동을 요약해놓았다.

좌반구	우반구
말하기	창조적 행동
분석	색깔 인지
순차적	공간 지각
논리	전체적인 개괄
선형적 사고	몽상
합리적 사고	직관
숫자와 단어 인지	얼굴과 사물 인지

마인드맵은 각기 다른 주제의 상대적 중요성을 표현할 때 좋다. 또 내용을 파악하거나 흘낏 보고 머릿속에 떠올리는 데도 유용하다. 중심 주제가 확실하게 정리되고 그 밖에 쓸데없는 정보는 전부 배제된다. 한꺼번에 전체적인 내용과 핵심 사항들을 볼 수 있다.

_지구 온난화에 관한 마인드맵

간단한 마인드맵을 예로 들어보겠다. 일반적으로 마인드맵은 그림을 많이 넣고 가능한 한 문장보다 단어를 사용해야 한다. 또한 각각의 가지를 다른 색으로 할 수도 있다.

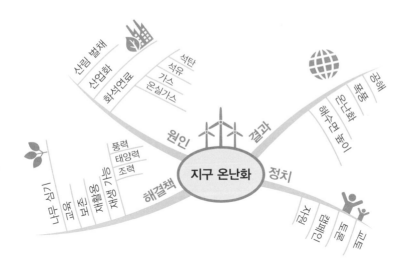

연습: 자신만의 마인드맵 만들기

종이 한 장과 색연필, 또는 여러 색깔의 펜을 준비하자(펜은 글을 쓸 때 색연필은 그림을 그릴 때 사용하라). 종이에 모든 내용을 마인드맵으로 정리한다. 비율을 조절할 수 있도록 처음에는 대강의 스케치로 시작하는 게 좋다.

이 연습의 목적은 두 개의 마인드맵을 만들고 외우는 것이다.

① 좀 더 잘 알고 싶은 주제를 골라라. 어떤 분야든 상관없다. 스포츠나 음악, 역사적 사건이나 자동차 엔진이 움직이는 방법 같은 기술적인 것도 좋다. 이미 기본 사실들을 알고 있는데 이것을 좀 더 자세하게 이해하고 싶을 수도 있다. 배경지식을 익히면서 마인드맵 초안을 작성하라. 긴 설명을 붙이지 말고 핵심만, 가능한 한 적은 단어로 표현하라. 계속 읽어나가며 지식이 더 쌓이면 마

다음 페이지로 •·····▶

인드맵에 유기적으로 덧붙여라. 읽을 만큼 읽고 이해했다는 생각이 들면 적당한 이미지와 그림을 덧붙여서 색색으로 최종 마인드맵을 작성한다. 이것을 머릿속에 집어넣어라. 그리고 2, 3일 후 기억에만 의존해 다시 그릴 수 있는지 확인해보라.

② 가정, 돈, 인간관계, 일, 취미, 능력, 가치관, 꿈, 여행 등 당신의 인생에서 중요한 우선순위를 정리해보자. 앞으로 자신이 어느 쪽으로 나아가야 하는지 알아보기 위해 이런 종류의 마인드맵을 사용할 수 있다. 가장 중요한 것을 결정하기 위해 간단한 그림을 덧붙여도 좋다. 첫 번째 마인드맵에서도 쓸 수 있는 방법인데 그림 크기로 중요 정도를 표현할 수도 있다.

강의 같은 데에서는 마인드맵을 어떻게 사용할 수 있을까? 강사는 청중의 관심을 끌기 위해 조그만 것부터 시작해 천천히 핵심 주제로 나아갈 수도 있고 혹은 처음부터 주제를 이야기한 다음 그에 관한 세부설명을 덧붙일 수도 있다. 마인드맵은 이런 중요도의 변화에 맞출 수 있게 유연하게 만들어야 한다. 강의가 끝날 때까지 핵심이 뭔지 모를 수도 있으니까.

많은 사람들이 펜이나 연필로 초안을 그린 다음 색을 사용해 최종 형태를 만든다. 마인드맵에 간단한 그림을 그려넣으면 (대단히 예쁜 그림이 아니어도 되니까 걱정할 거 없다) 핵심을 더 생생하게, 기억하기 쉽게 만들 수 있다. 색깔 펜이나 색연필로 강조해두면 더 빠르게, 효과적으로 '읽는' 데 도움이 되고, 정보를 자신만의 것으로 바꿔놓을 수 있다. 또한 논문을 준비하거나 설명서, 강의록, 기사 같은 것을 더 간단하고 이해하기 쉬운 형태로 축약하거나 주제에 관한 아이디어를 명확하게 만들 때도 편리하다.

마인드맵으로 정보를 기억하려고 할 때는 거시적으로 보자. 잘 아는 장소나 사는 동네의 지도를 떠올리는 것처럼 마인드맵을 통째로 기억하는 것이 우리의 목표다. 지구 온난화의 결과를 떠올리고 싶다고 해보자. 오른쪽 윗부분 가지를 생각한 다음 기억 속에서 거기에 있는 핵심 단어들을 읽어라. 덧붙여놓았던 그림들도 연상 과정에 도움이 될 것이다.

대본 없이
강연하고 싶다면

　어떤 사람은 설령 소규모라고 해도 남 앞에 서서 뭔가 말하는 것을 굉장히 두려워한다. 가장 훌륭한 발표나 강의법은 미리 내용을 전부 외워서 강연자가 청중의 눈을 보고 순서대로 이야기하는 것이다. 하지만 긴장감이 너무 심하면 그러지 못할 수도 있다. 외운 것을 싹 잊게 만드는 악명 높은 무대 공포증 때문만이 아니다. 기대에 찬 청중을 마주하면 아무리 연습을 열심히 한 강연자라고 해도 갑자기 머릿속이 텅 비어버리곤 하기 때문이다.

　으악, 어떡하지!

_마인드맵 사용하기

먼저 아이디어를 앞 단계에서 설명한 마인드맵으로 정리한 다음 핵심 단어들을 머릿속에 집어넣고 도표에 따라 논리적인 순서대로, 왼쪽 위에서 시작해 반시계 반향으로 돌아가거나 보기에 가장 자연스러운 순서로 진행하면 된다. 마인드맵에 넣어 놓았던 핵심 이미지나 단어가 하고 싶었던 말을 곧장 상기시켜 줄 것이다. 강연을 할 때쯤엔 마인드맵을 완벽하게 외우고 있어야 한다. 처음에 계속 고치고 있을 때도 맵은 당신의 머릿속에 자리 잡기 마련이다. 그 이후 맵을 계속 보면서 기억을 더 확고하게 만들자. 물론 강연 직전에 마지막으로 몇 분 정도 맵을 살펴보는 것이 현명하다. 시간이 있으면 중요한 내용을 빠뜨리지는 않았는지 확인하기 위해 머릿속으로 마인드맵을 이용해 예행연습을 하라.

마인드맵을 이용하면 강연에 자신감이 생긴다. 강연 내용을 머릿속에 친숙한 이미지로 도표처럼 짜놓았고, 그에 따라 자유자재로 원하는 곳으로 오갈 수 있다. 자신감은 한 번 붙으면 점점 더 강해지게 마련이다. 준비를 완벽하게 했다는 생각만으로도 강연을 잘할 수 있게 된다. 한 번 잘하고 나면 다음에 비슷한 일을 하게 되었을 때 더욱 자신감이 생긴다.

물론 많은 강연에서 당신이 손에 요약문을 들고 가끔 내용이 생각나지 않을 때 힐끔 본다고 해 사람들이 놀라거나 실망하지는 않는다. 하지만 원고 뭉치를 들고 어느 부분인지 뒤적거리는 것보다는 마인드맵이 그려진 종이 한 장을 들고 있는 게 훨씬 더 멋진 인상을 줄 수 있다.

_여행법 활용하기

원고 없는 강연을 준비하는 또 다른 방법은 강의 내용의 핵심 단어를 적은 다음 기억할 수 있는 이미지로 바꾸어 여행법 (10단계)을 사용해 각각의 정거장에 저장해두는 것이다. 지하철역에서 자기 집까지 오는 길 등을 이용할 수 있다. 방법은 팁에서 더 자세히 설명하겠다.

팁: 핵심 포인트와 중요 어구로 강연하기

대본을 외우는 배우처럼 발표문을 단어 하나하나까지 암기하려 하는 것은 위험하고 쓸데없는 짓이다. 원고를 통째로 외워서 이야기를 하다가 어떤 이유로(이를테면 긴장해) 다음 문장이 생각이 안 나면, 완전히 오도 가도 못하게 될 수 있다. 그래서 강연 내용을 중요한 포인트 중심으로, 어떻게 말할 건지 상세한 설명 대신에 말하고 싶은 내용 위주로 외우는 게 더 낫다.

이 포인트들을 머릿속에 저장하기 위해 창조적 연상법을 사용해 이미지로 바꾼 다음 여행법(10단계)에 따라 머릿속의 여러 장소에 배치하자. 그런 다음 여행지를 따라가면서 이미지들을 다시 떠올

다음 페이지로 •----▶

리면 동시에 연설의 포인트들도 떠오르게 된다. 예를 들어 연설 끝에 여름 박람회를 위해 땅을 빌려준 농부에게 감사의 말을 하고 싶다고 하면, 손님방에서 냄새 나는 젖소가 침대 이불을 더럽히고 있다든지 지하철역에서 거대한 돼지가 열차에 타려고 낑낑대고 있는 장면을 기억해둘 수 있다.

연설을 할 때 가끔 이름이나 숫자를 말해야 하는 경우도 있다. 12, 13, 15, 23단계에서 이미 이름과 숫자 외우기에 대해 이야기했으니 거기에 있는 조언을 따르라.

정보성 강연이 아니라 웃음을 주고 즐기기 위한 경우 적절한 관용구를 활용하는 게 좋다. 여행법을 이용하면 아주 쉽게 감동적인 문장을 몇 개 정도는 외울 수 있다. 그 문장을 순서대로 배치한 다음 핵심 단어(되도록이면 앞에 나오는 것)를 이미지로 바꿔 머릿속의 여행지에 저장해 이미지만 다시 떠올리면 문장이 순서대로 전부 나올 수 있게 만들어라. 언제든 활용할 수 있게 당신이 가장 선호하는 문구는 시간을 들여 외우자.

오래 기억하고 싶다면
복습이 최고

지금까지 이 책에서 우리는 비밀번호, 짧은 쇼핑 목록, 방향, 외국어 단어, 인용문과 간단한 강연 내용 같은 여러 정보를 외우는 기억법을 살펴보았다. 이런 기술 대부분은 연상, 장소, 상상이라는 세 개의 핵심 열쇠와 관계가 있다. 특히 익숙한 장소를 기반으로 하는 여행법은 단기기억과 장기기억 사이를 연결해주는 다리 같은 역할을 한다. 마치 정보가 단기기억을 뛰어넘어 더 많이 장기기억 은행으로 곧장 들어가는 것 같은 느낌일 것이다. 이런 기억 기술은 훨씬 느리고 반복적이고 효과도 떨어지는 전통적인 기계식 암기법의 지루함도 없애준다. 하지만 정보가 장기기억 속에 확실히 남아 있게 하려면 언제, 얼마나 자주 이것을 되새겨야 하는지 꼭 알아야 한다.

_에빙하우스와 망각곡선

인간의 기억에 관해 실험을 한 초기 연구자 중 한 명으로 독일의 심리학자 헤르만 에빙하우스(1850~1909)가 있다. 그는 겉보기에 별 의미 없고 기억할 만한 특징도 없는 DAJ 같은 글자들을 이용해 기억력을 테스트하는 방법을 고안했다. 그는 이런 단어 스무 개를 정확한 순서대로 외울 수 있을 때까지 여러 번 읽은 다음 다양한 시간 간격으로 기억 정도를 측정했다. 이것은 거의 최초의 공식적인 기억곡선일 것이다. 에빙하우스는 여러 정보가 있을 경우 목록의 처음과 끝에 있는 정보들이 중간의 것보다 기억하기 쉽다는 사실을 발견했다. 이런 경향성은 초두 효과와 최신 효과라고 알려져 있으며 그래프로는 U자형으로 나타난다.

에빙하우스는 또한 기억 기간을 최대한 늘리는 가장 좋은 방법은 '과잉학습(overlearning)'이 될 때까지 정기적으로 정보를 복습하는 것임을 알아냈다.

외운 정보를 확실하게 저장하기 위해서는 언제 복습해야 하는지 알아야 한다. 내 경우 대부분의 정보에 가장 효과가 좋았던 복습 시간은 다음과 같다.

첫 번째 복습 ------------▶	즉시
두 번째 복습 ------------▶	24시간 후
세 번째 복습 ------------▶	일주일 후
네 번째 복습 ------------▶	한 달 후
다섯 번째 복습 ---------▶	석 달 후

　이 책의 몇 가지 연습들을 위의 법칙에 따라서 반복하라. 연습 자체가 첫 번째 복습이 될 수 있다. 그런 다음 위에서 이야기한 시간 간격으로 정보가 장기기억에 확실히 남을 수 있도록 다시 연습하라.

이 장은 중급 단계다. 몇 가지는 이미 익숙해진 핵심 기술을 좀 더 높은 수준으로 연습하는 것이다. 예를 들어 이제 당신은 52개 정거장으로 이루어진 긴 여행을 하게 된다. 또 통화 내용 기억하는 법(32단계)이나 신문기사 기억하는 법(38단계) 같은 단계에서는 여행법, 이름과 방향, 나라와 수도, 인용문 외우기에 더불어 도미니크 기억법까지를 한꺼번에 동원해 광범위한 정보를 외워본다.

31, 33단계에서는 도미니크 기억법을 마저 배워서(20부터 99까지) 백 명의 캐릭터를 완성할 것이다. 이 기억법에 복잡한 이미지를 첨부해 중요한 정보와 까다로운 숫자 배열을 쉽게 외우기를 익혀보자.

또 지난 몇 세기 동안의 정보를 외우는 데 도움이 되는 특별 코드 기억법 같은 새로운 기술을 소개한다. 트럼프 카드 순서 외우기(덕택에 나는 라스베거스 카지노에서 출입을 금지당했다!)도 가르쳐주려고 한다. 중간중간 테스트를 통해 발전 정도를 확인하자.

3장

조금 더 복잡한
정보 외우기
[중급]

도미니크
기억법 II

23단계에서 새로운 언어, 즉 숫자 언어를 익히기 위한 도미니크 기억법을 소개했다. 거기서 00부터 19까지 스무 개의 숫자를 적고 신중하게 고안한 코드를 사용해 알파벳으로 바꾼 다음 여러 사람들의 이니셜로 만들라고 이야기했다. 각각의 사람들에게는 소품이나 행동도 부여했다. 숫자 06은 올리버 스톤(0=O, 6=S)으로 바꿀 수 있고 그의 행동은 감독 의자에 앉아 있는 것이다(다시 살펴봐야 할 것 같으면 23단계를 본다).

이제 다음의 두 자리 숫자 그룹을 살펴보고 어떤 이니셜이 만들어지는지 확인하자. 공책에서 23단계의 도미니크 기억법 목록을 찾아 숫자 20부터 39까지의 자리를 채워보자. 아래 표는 내가 제안하는 인물들이다. 나한테 가장 효과가 좋은 캐릭터들이지만 모두가 각자의 문화와 국적, 나이와 취향, 경험과 기타 등에 따라 더 좋은 참조인물들이 있을 것이다. 그러니까 내가 사용하는 사람들을 잘 모른다고 해도 걱정할 거 없다. 그 숫자의 이니셜에 걸맞은 다른 이름과 행동, 소품을 고안해 자신만의 연상관계를 만들어라. 기억하라. 유명인과 당신이 개인적으로 아는 사람들, 말하자면 친구들이나 친척들을 섞어 사용할 수 있다. 이 스무 명의 캐릭터를 모두 기억하고 나면 다음 페이지의 테스트를 해보자.

숫자	영문	사람	행동과 소품
20	BO	빌리 오션	마이크를 잡고 있다
21	BA	브라이언 애덤스	활을 들고 화살을 쏜다
22	BB	브리지트 바르도	손거울로 얼굴을 본다
23	BC	빌 클린턴	미국 국기를 흔든다
24	BD	베티 데이비스	새틴 이브닝 가운을 입고 있다
25	BE	빌 에반스	피아노를 친다
26	BS	바트 심슨	스케이트보드를 탄다
27	BG	빌리 그레이엄	강단에서 설교한다
28	BH	버디 홀리	그 유명한 안경을 쓰고 있다
29	BN	브리지트 넬슨	권투장갑을 끼고 있다
30	CO	크리스 오도넬	로빈의 의상을 입고 있다

31	CA	찰리스 앤젤스	미녀 삼총사가 머리카락을 휘날린다
32	CB	찰리 브라운	스누피와 논다
33	CC	찰리 채플린	지팡이를 흔든다
34	CD	셀린 디온	빙산 위에 앉아 있다
35	CE	클린트 이스트우드	판초를 입고 있다
36	CS	클라우디아 쉬퍼	모델 워킹을 한다
37	CG	체 게바라	기관총을 들고 있다
38	CH	찰턴 헤스턴	전차를 몬다
39	CN	척 노리스	발차기를 한다

테스트: 도미니크 기억법 Ⅱ 사용하기

이제 도미니크 기억법과 여행법을 사용해 다음의 불규칙적인 스무
자리 숫자 배열을 외울 수 있을 것이다.

36332038293124223725

23단계의 연습에서처럼 열 개의 정거장으로 이루어진 짧은 여행을
만들고 각각의 두 자리 숫자를 사람으로 바꾸어 여행의 각 정거장
에 배치하자. 혹시 잊어버렸을 수 있으니 숫자를 글자로 바꾸면 다
음과 같다.

36 33 20 38 29 31 24 22 37 25
CS CC BO CH BN CA BD BB CG BE

다음 페이지로 •····▶

여행 경로를 따라가면서 각 이니셜을 의미하는 사람들이 각자의 행동을 하고 있는 걸 볼 수 있을 것이다. 그러니까 여행 첫 번째 정거장에서 당신은 클라우디아 쉬퍼(CS=36)가 무대 위를 걸어오고, 두 번째 정거장에서는 찰리 채플린(CC=33)이 지팡이를 흔들고, 뭐 그런 식이다.

여행의 여정을 재빨리 훑어본 다음 숫자를 몇 개나 기억하는지 공책에 써보라.

점수: 틀리기 전까지 순서대로 맞게 쓴 숫자 하나당 5점

최고점:100　　초급:30+　　중급:70+　　고급:90+

이 결과를 23단계 도미니크 기억법 I의 결과와 비교해보라. 새로운 캐릭터들을 외우는 중이지만 이제 도미니크 기억법에 훨씬 익숙해졌기 때문에 이전 점수보다 분명 나아졌을 것이다.

메모지 없이
통화 내용 기억하기

들은 것 기억하기는 읽은 것 기억하기와는 완전히 다르다. 정보의 유입을 조절하기가 어렵기 때문이다. 그래도 전화는 쌍방향 대화이기 때문에 어느 정도 통제할 수 있다. 대화 상대에게 좀 천천히 말해달라고 하거나 한 번 더 말해달라고 부탁해도 되고, 마찬가지로 당신도 제대로 들었는지 확인하기 위해 상대에게 정보를 한 번 더 불러줄 수 있다.

전화로 중요한 정보를 듣고 있다면 받아 적고 싶을 것이다. 그래서 당신의 목적은 받아 적을 종이 같은 것을 찾을 때까지만 머릿속으로 정보를 외우는 것일 수도 있다. 하지만 이를 1, 2분만 기억하면 되는 일시적인 정보라고 생각하는 순간, 절대로 외우지 못한다. 이 단계에서 빠져나오는 기술을 사용해보자. 아래의 테스트를 통해 여러 기술을 조금씩 합쳐 빠르게 외우는 방법을 익힐 수 있다.

전화 통화에서는 종종 날짜나 전화번호, 수량, 비행기 관련 세부사항 등 숫자로 된 정보와 사람들, 장소 이름, 방향 등을 외워야 한다. 그래서 여행법과 더불어 숫자 모양과 발음, 도미니크 기억법, 이름 외우기와 방향 외우기 기술들을 함께 사용하게 된다.

테스트: 통화 내용 기억하기

순식간에 여러 기술을 합치는 연습을 해볼 것이다. 급하게 여행법을 써야 할 때 나는 여러 번 사용해봐서 절대로 실패하지 않는 경로를 고른다. 친구에게 도와달라고 부탁해 여행사 직원이 되어 여행 예약 내용을 불러달라고 하자. 그 후 열 개의 질문에 답을 하라.

① 당신이 가장 많이 시험해본 여행 경로를 골라라, 집이 될 수도 있다(10단계 참고)
② 친구에게 다음 페이지에 있는 메시지를 전화로 읽어달라고 부탁하라
③ 메시지를 듣는 동안 중요한 내용을 핵심 이미지로 바꿔 여행 경

다음 페이지로 ●·····▶

로를 따라 각각의 정거장에 배치하라

힌트: 한 자리 숫자를 외울 때 나는 숫자 모양(12단계)이나 발음 기억법(13단계)을 사용한다. 두 자리 숫자를 외울 때는 도미니크 기억법(23단계, 31단계, 33단계), 세 자리 숫자를 외울 때는 도미니크 기억법에 숫자-모양이나 발음을 합친다. 짧은 글자 몇 개를 외울 때는 알파벳 음성기호(14단계)를 사용하고 글자와 숫자가 섞여 있을 때는 여기에 도미니크 기억법과 숫자 모양, 발음을 합쳐서 쓴다.

여러 번 이 연습을 반복한다. 친구에게 원래 내용을 살짝 바꿔서 불러달라고 부탁하라.

> '여보세요. 캐러비언 여행사에서 고객님의 여행 예약 내용을 확인하기 위해 전화드렸습니다. 고객님께서는 뉴욕에서 바르바도스로 캐러비언 프리미어 항공(CPA)을 타고 가십니다. JFK 공항 8번 터미널에서 비행기를 타실 거고 출발 시각은 07시 35분입니다. 도착은 그랜틀리 애덤스 국제공항(BGI) 1번 터미널로 13시 15분 예정입니다. 비행기 편명은 CP/45022입니다. 도착하시면 도착 라운지 환전소 왼쪽에서 기다리고 있을 고객님의 여행 담당자 샐리 가디너에게 도착하셨다고 말씀하셔야 되고요, 그다음에 버스를 타고 머무실 호텔인 아일랜드 베이 리조트까지 가시게 됩니다. 여행자 보험이 필요하시면 38.20달러가 추가로 들어갑니다. 다 말씀드린 것 같은데 질문 있으신가요?'

다음 페이지로 •••••▶

1. 당신은 어떤 항공을 타고 가는가?

2. 어느 공항 몇 번 터미널에서 출발하는가?

3. 출발 시각은?

4. 어느 공항 몇 번 터미널에 도착하는가?

5. 도착 시각은?

6. 비행기 편명은 무엇인가?

7. 당신의 여행 담당자 이름은?

8. 어디서 여행 담당자를 만날 수 있는가?

9. 당신의 호텔 이름은 무엇인가?

10. 여행자 보험료로 얼마를 지불해야 하는가?

점수: 정답 하나당 10점

최고점:100　**초급:**20+　**중급:**50+　**고급:**80+

도미니크
기억법 Ⅲ

숫자 00~39까지의 도미니크 기억법(23단계와 31단계)을 모두 내 것으로 만들었다면 이제 남은 숫자인 40에서 99까지를 외울 차례다. 다음 페이지에 목록이 쭉 나와 있다.

이전의 도미니크 기억법에서처럼 숫자를 보고 누구의 이니셜이 떠오르는지 생각하라. 이번에도 역시 당신의 공책에 칸을 만들고 이니셜에 맞는 이름과 그 캐릭터에 걸맞은 행동과 소품까지 적어보라. 기억하라. 당신의 캐릭터에는 친구, 친척, 정치인, 코미디언, 배우, 운동선수, 영화 캐릭터 등을 모두 끌어들여도 된다.

숫자	영문	사람	행동과 소품
40	DO	도미니크 오브라이언	카드를 나눈다
41	DA	더글러스 애덤스	히치하이킹
42	DB	데이빗 보위	길거리에서 춤을 춘다
43	DC	데이비드 카퍼필드	모자에서 토끼를 꺼낸다
44	DD	도날드 덕	꼬리 깃털을 흔든다
45	DE	듀크 엘링턴	곡을 쓴다
46	DS	디온 샌더스	미식축구를 한다
47	DG	디지 길레스피	트럼펫을 분다
48	DH	대릴 해나	인어로 변한다
49	DN	데이빗 니븐	열기구를 탄다
50	EO	유진 오닐	바위 위에 앉아 위스키를 마신다
51	EA	엘리자베스 아덴	향수를 뿌린다
52	EB	에밀리 브론테	소설을 쓴다
53	EC	에릭 클랩튼	기타를 친다
54	ED	엘리자 둘리틀	꽃을 판다
55	EE	에드워드 엘가	음악을 작곡한다
56	ES	에버니저 스크루지	돈을 센다
57	EG	에릭 길	전쟁 기념비를 조각한다
58	EH	어니스트 헤밍웨이	낚시를 한다
59	EN	E. 네스빗	휘파람을 분다
60	SO	스칼렛 오하라	기절한다
61	SA	남극의 스코트 Scott of the Antarctic	눈보라를 뚫고 걸어간다
62	SB	슬리핑 뷰티 (백설공주)	잔다
63	SC	숀 코네리	마티니를 마신다

숫자	영문	사람	행동과 소품
64	SD	살바도르 달리	콧수염을 꼰다
65	SE	스테판 에드베리	트로피를 들어 올린다
66	SS	스티븐 스필버그	이티와 손가락을 맞댄다
67	SG	스테판 그라펠리	바이올린을 켠다
68	SH	스티븐 호킹	망원경을 들여다본다
69	SN	샘 닐	공룡에게서 도망친다
70	GO	게리 올드먼	드라큘라 의상을 입고 있다
71	GA	조르조 아르마니	정장 디자인을 그린다
72	GB	조지 부시	개를 쓰다듬는다
73	GC	조지 클루니	청진기를 걸고 있다
74	GD	지나 데이비스	선더버드 차를 몬다
75	GE	조지 에베레스트	로프를 지고 등반한다
76	GS	길버트와 설리반	앞치마를 둘렀다
77	GG	그레타 가르보	가로등에 기대고 있다
78	GH	진 해크만	마약상을 잡는다
79	GN	그렉 노먼	골프채를 휘두른다
80	HO	휴 오닐	말을 타고 진격한다
81	HA	행크 아론	홈런을 친다
82	HB	험프리 보가트	중절모를 쓰고 있다
83	HC	힐러리 클린턴	연설을 한다
84	HD	험프리 데이비	광부 안전등을 들고 있다
85	HE	허브 엘리엇	달린다
86	HS	호머 심슨	도넛을 먹는다
87	HG	휴 그랜트	결혼한다

숫자	영문	사람	행동과 소품
88	HH	헐크 호건	레슬링을 한다
89	HN	호레이쇼 넬슨	키 앞에 서 있다
90	NO	닉 오웬	소파에 앉아 있다
91	NA	닐 암스트롱	우주복을 입고 있다
92	NB	노먼 베이츠	샤워를 한다
93	NC	노엘 코워드	담배를 피운다
94	ND	닐 다이아몬드	청바지를 입고 있다
95	NE	넬슨 에디	기마 경관 모습을 하고 있다
96	NS	니나 시몬	피아노 앞에서 노래한다
97	NG	넬 그윈	오렌지를 판다
98	NH	나다니엘 호손	주홍글씨를 달고 있다
99	NN	니콜라스 니클비	스퀴어스 씨를 매질한다

이 마지막 예순 개의 두 자리 숫자 그룹을 모두 사람으로 바꾸어 머릿속에 저장했으면 이제 다음의 테스트를 해보자.

테스트: 도미니크 기억법 Ⅲ 사용하기

다음의 스무 자리 숫자 배열을 여행법을 사용하여 외우자.

5 3 4 2 7 7 6 8 9 1 8 7 8 2 5 9 6 5 4 0

다음 페이지로 ●----▶

기억하라. 우선 숫자들을 한 쌍씩 나눈 다음 이 두 자리 숫자들을 각각 그에 맞는 이니셜로 바꿔라. 그런 다음 열 개의 정거장으로 된 짧은 여행 경로를 만들어서 각 이니셜의 주인공들을 여행의 정거장마다에 배치하는 것이다. 숫자를 글자로 바꾸면 다음과 같다.

53 42 77 68 91 87 82 59 65 40

EC DB GG SH NA HG HB EN SE DO

스무 자리의 숫자 배열을 외운 다음에 공책에 써보라.

점수: 틀리기 전까지 순서에 맞게 기억한 숫자 하나당 5점

최고점:100　　**초급**:30+　　**중급**:75+　　**고급**:95+

점수를 23단계와 31단계에서 했던 테스트와 비교해보라. 이번에도 역시 이전 점수보다 분명 나아졌을 것이다.

트럼프 카드를 모두 외운
챔피언의 비법

내가 기억력 훈련을 하게 된 동기는 텔레비전에서 세계 기억력 달인 크레이튼 카벨로가 엄청나게 빠른 2분 59초 만에 뒤섞인 트럼프 카드 한 벌을 통째로 외우는 모습을 보고서였다. 그는 카드를 한 번에 한 장씩 펼쳐서 보고 이전 카드 위에 쌓아놓았다. 다시 말해 그에게는 각 카드를 한 번씩밖에 볼 기회가 없었다는 거다. 어떻게 그는 오십두 개의 아무 관계도 없는 정보를 3분도 안 되는 시간 안에 전부 연결시킨 걸까? 이 질문으로 인해 나는 카드 한 벌을 집어 들고 직접 해답을 찾기 위해 덤볐다.

곧 나는 오십두 개의 카드를 각각 특정 인물로 연상하는 법을 생각해냈다. 그런 다음 여행법을 사용해 카드의 순서를 저장하면 되는 것이다.

석 달 동안의 맹렬한 훈련 끝에 나는 3분이 안 걸려서 카드 한 벌을 외우게 되었을 뿐만 아니라 이제 여러 벌의 카드도 기억하게 되었다. 나중에 여러 벌의 카드 외우기도 설명하겠지만 지금은 한 벌부터 시작해보자.

_숫자 카드

그림 카드는 나중에 이야기하자. 에이스에서부터 10까지 숫자 카드에 어울리는 사람을 정하는 가장 쉬운 방법은 이것을 알파벳 한 쌍으로 바꾼 다음 이니셜로 생각하는 것이다(도미니크 기억법에서 이미 배운 기술). 카드의 숫자는 첫 번째 글자를 가르쳐준다. 그러니까 에이스를 1이라고 여기면 편리하게 A로 볼 수 있다. 2는 B가 되고 3은 C, 뭐 이런 식이다. 좀 더 간단하게 만들기 위해 10은 O으로 놓자. 카드의 무늬는 두 번째 글자가 된다.

♣	CLUBS	=	C
♦	DIAMONDS	=	D
♥	HEARTS	=	H
♠	SPADES	=	S

공책에 1(에이스)부터 0(10)까지 열 개의 카드를 세로로 쭉 써라. 클럽, 다이아몬드, 하트, 스페이드 네 무늬마다 열 개의 숫자가 있으니 총 마흔 줄이 필요하다. 이제 각각의 칸에 이니셜로 바꾼 내역을 써라. 예를 들어 클럽 에이스는 AC가 된다. 다이아몬드 5는 ED다. 하트 8은 HH이고 스페이드 10은 OS다. 이제 사람들과 행동, 소품을 당신의 도미니크 기억법(23, 31, 33단계)에서 가져와서 각각의 칸에 적어라. 클럽 에이스는 알 카포네(1=A, 클럽=C)이고 다이아몬드 5는 엘리자 둘리틀(5=E, 다이아몬드=D)이다. 하트 8은 헐크 호건(8=H, 하트=H)이고 스페이드 10은 올리버 스톤(10=O, 스페이드=S)이다(영어는 Ace of Clubs, 5 of Diamonds로 표기되어 순서가 이렇게 되지만 우리말로 외울 때는 무늬가 앞에 오는 게 편하므로 AC를 CA, ED는 DE로 해도 된다).

_인물 카드

이제 그림 카드, 혹은 인물 카드를 상대할 차례다. 우선 각 카드의 얼굴부터 보자. 이 얼굴이 당신이 아는 누군가와 닮았다면 그 사람을 이 카드의 대표로 정하라. 그렇지 않으면 이들을 위한 캐릭터를 골라야 한다. 다음 페이지에 내가 각각의 무늬와 연관 지어 만들어놓은 예시를 실어놓았다. 클럽은 나에게 싸움이나 골프를 연상시킨다. 다이아몬드는 진짜 다이아몬드와 부를 상징하고 하트는 영화의 로맨틱한 장면을, 스페이드(하트를

뒤집어놓은 모양이니까)는 악당을 상징한다. 각각의 캐릭터들에
행동이나 소품을 부여하는 것도 잊지 마라.

카드	무늬	캐릭터	행동과 소품
잭	클럽	타이거 우즈	골프채를 휘두른다
퀸	클럽	뱀파이어 사냥꾼 버피	클럽(몽둥이)을 휘두른다
킹	클럽	무하마드 알리	권투장갑을 끼고 있다
잭	다이아몬드	해리 왕세자	폴로를 한다
퀸	다이아몬드	마릴린 먼로	다이아몬드를 휘감고 있다
킹	다이아몬드	빌 게이츠	다이아몬드를 센다
잭	하트	셰익스피어의 로미오	발코니를 올라간다
퀸	하트	그레이스 켈리	키스를 날린다
킹	하트	캐리 그랜트	모자를 기울인다
잭	스페이드	드라코 말포이	물약을 만든다
퀸	스페이드	크루엘라 드 빌	달마시안들과 걸어간다
킹	스페이드	다스베이더	검은 헬멧을 쓰고 있다

테스트: 준비운동

① 열 개 정거장으로 이루어진 여행 경로를 정한다.

② 열 장의 트럼프 카드를 펼치고 각각을 캐릭터로 바꾼다. 각 캐릭터들이 당신의 여행 경로 정거장에 서서 각자의 행동을 하는 장면을 상상하라. 다이아몬드 킹이 첫 번째 카드라면 여행 첫 번째 정거장에서 빌 게이츠가 다이아몬드를 세고 있는 식이다.

③ 여행지를 머릿속으로 한 번 더 돌아보고 책을 덮은 다음 공책에 카드를 순서대로 적어라.

점수: 틀리기 전까지 맞게 기억한 카드 한 장당 10점

최고점:100 **초급:**20+ **중급:**40+ **고급:**90+

연습: 카드 한 벌 외우기

준비가 되었으면 카드 한 벌을 외워보자. 테스트에 있는 지시를 따르되 이번에는 오십두 개의 확실한 정거장으로 이루어진 여행 경로를 짜야 하고, 카드 한 벌을 전부 다 차례차례 펼쳐 보아야 한다. 발전 정도는 시간으로 확인할 수 있다. 앞으로 4주 동안 15분 안에 카드 한 벌을 다 외우는 것을 목표로 삼아라. 연습을 거듭해 결국 장벽을 깰 수 있어야 한다.

1953년 2월 13일은
무슨 요일일까?

누군가가 지난 두 세기 중 어느 날을 언급하면 나는 그 날짜가 무슨 요일인지 순식간에 말해줄 수 있다. 또 누가 1953년 2월 13일에 결혼했다고 하면 나는 즉시 그날은 금요일이라고 말할 수 있다. 어떻게 이렇게 할 수 있느냐고?

연도와 달, 날짜는 그날의 요일을 알려주는 '장소'로 나를 데려가는 좌표 역할을 한다. 하지만 이 코드의 기반이 되는 수학적 원리를 설명하는 것은 이 책의 범위를 넘어서는 일이니까 그냥 나를 믿어라! 이렇게 하면 된다!

나는 날짜를 연도와 월, 일이라는 구성요소로 분리한 다음 각각에 0부터 6까지 한 자리 숫자로 된 암호 코드를 부여한다. 그런 다음 이 숫자로 내가 원하는 특정 날짜가 무슨 요일인지를 계산한다.

_연도 코드

1800년부터 2099년까지 모든 해에 대한 코드를 고안했는데 우리는 우선 1900년부터 1999년까지만 제한해 시험해볼 것이다. 먼저 나는 우리 집의 방 여섯 개를 골라 각 방에 숫자 0부터 6까지를 붙였다. 정원은 방이 아니니까 0으로 정했다. 그런 다음 각 연도를 특정한 방에 넣었다(아래 네모 칸을 볼 것). 이 연도 코드를 외우기 위해서는 도미니크 기억법과 장소법을 합쳐 각 연도를 커다란 파티장에서 각 방에 있는 사람으로 상상해야 한다.

연도 코드

침실: 코드 1
1901, 1907, 1912, 1918, 1929,
1935, 1940, 1946, 1957, 1963,
1968, 1974, 1985, 1991, 1996

부엌: 코드 5
1904, 1910, 1921, 1927, 1932,
1938, 1949, 1955, 1960, 1966,
1977, 1983, 1988, 1994

다음 페이지로 ●┄┄┄▶

손님방: 코드 2

1902, 1913, 1919, 1924, 1930,
1941, 1947, 1952, 1958, 1969,
1975, 1980, 1986, 1997

서재: 코드 6

1905, 1911, 1916, 1922, 1933,
1939, 1944, 1950, 1961, 1967,
1972, 1978, 1989, 1995

욕실: 코드 3

1903, 1908, 1914, 1925, 1931,
1936, 1942, 1953, 1959, 1964,
1970, 1981, 1987, 1992, 1998

정원: 코드 0

1900, 1906, 1917, 1923, 1928,
1934, 1945, 1951, 1956, 1962,
1973, 1979, 1984, 1990

거실: 코드 4

1909, 1915, 1920, 1926, 1937,
1943, 1948, 1954, 1965, 1971,
1976, 1982, 1993, 1999

파티장에는 여섯 개의 방과 정원이 있어야 한다. 꼭 자기 집일 필요는 없지만 각각의 공간이 독특하고 가구나 그림, 창문 등이 낯익어서 금세 연상이 되어야 한다.

숫자-모양 기억법을 이용해 각 방의 숫자들을 외우자. 서재가 코드 6이라는 것을 기억하기 위해 당신의 서재 책장에 골프채가 기대어 있는 모습을 상상하는 것이다(12단계 숫자-모양 기억법 참고). 다음 단계는 연도를 사람으로 바꾸어 각각의 사람들을 알맞은 장소에 배치할 차례다. 숫자 00에서 99까지 도미니크 기억법을 열심히 공부했다면 백 명의 캐릭터 목록을 갖고 있을 테니까 이미 반은 해치운 셈이다. 모든 연도가 20세기 것들이니까 마지막 두 자리 수만 사람으로 바꾼 다음 그 사람이 집의 정해진 방에서 행동을 하고 있는 장면을 상상한다.

이렇게 해 당신이 들은 연도에 대한 코드(0부터 6까지)를 알 수 있게 되었다. 이제 누군가가 자신이 1968년에 태어났다고 말하면 당신은 스티븐 호킹(68=SH)이 침실에서 망원경을 보고 있는 장면을 떠올리고 코드 1을 찾을 수 있을 것이다.

_세기 코드

혹시 19세기나 21세기의 어떤 날짜를 계산하는 다음 단계로 넘어가고 싶은 마음이 있는가? 그렇다면 152페이지를 참고해 날짜와 달 코드, 연도 코드를 모두 합치고(완전히 이해하기 위해서는 끝까지 읽어야 한다) 최종 합계에 세기 코드를 더한다. 1800년부터 1899년까지의 해에는 2를 더하고 2000년부터 2099년까지의 해에는 6을 보탠다. 그런 다음 계산을 계속한다.

_달 코드

계산의 두 번째 단계는 달에 맞는 코드를 익히는 것이다. 다음이 각 달에 맞는 숫자들이다.

각 달의 코드를 즉시 떠올릴 수 있는 수준까지 외워야 한다.

달 코드

1월	1	7월	0
2월	4	8월	3
3월	4	9월	6
4월	0	10월	1
5월	2	11월	4
6월	5	12월	6

가장 좋은 방법은 달과 코드 숫자 사이에 가공의 링크를 찾는 것이다. 필요한 곳에 기억력 기술을 사용하라. 예를 들어 1월은 첫 번째 달이다. 2월은 이사(4)를 많이 가는 달이라고 생각한다. 3월은 봄이 와서 사(4)슴이 뛰어노는 것을 상상한다. 4월은 봄비가 내리고 동그란(0) 빗방울이 나에게 떨어지는 모습을 떠올린다(0의 숫자 모양).

5월은 날씨가 좋으니까 연못으로 산책을 나가서 백조(2의 숫자 모양)를 구경한다. 6월은 다가올 여름을 대비해 S자(5의 숫자 모양) 몸매를 만들기 위해 애쓰던 친구를 연상한다. 7월은 우거진 나뭇잎 사이로 햇살이 보석처럼 보이기 때문에 나는 동그란 모양의 보석을 생각한다(0의 숫자 모양).

8월은 많은 사람들이 해변으로 놀러 가는 달이니까 세 개의 파라솔이 모래사장에 꽂혀 있는 것을 떠올린다. 9월 6일은 내 조카의 생일이다. 10월은 0이 들어가는 유일한(1) 달이다. 11월은 군인이 정렬해 서 있는 모습을 떠올리게 만든다. 그래서 해군 병사가 배의 돛(4의 숫자 모양)에 올라가는 장면을 상상한다. 12월은 크리스마스의 달이다. 그래서 코끼리가 코(6의 숫자 모양)로 크리스마스트리를 나르는 모습을 생각한다. 물론 내 연상 과정이 모두에게 맞을 거라는 보장은 없다. 그런 경우 자신만의 연관관계를 만들어라.

_요일 코드

이제 남은 것은 딱 하나, 요일 코드인데 외우기가 아주 쉽다. 일주일은 일요일, 즉 1번으로 시작해 토요일, 0으로 끝난다. 요일 코드를 찾으려면 다음 연습에 나오는 계산을 따라하면 된다.

요일 코드

일요일	1	목요일	5
월요일	2	금요일	6
화요일	3	토요일	0
수요일	4		

예를 들어 최종 숫자가 15라면 7을 계속 빼서 더 이상 뺄 수 없을 때까지 계산해 나머지를 찾아라. 그러니까 15에서는 7을 두 번 빼서 1이 나온다. 이것은 일요일의 요일 코드다.

연습: 코드 사용해 요일 찾기

이제 당신은 어느 요일이든 알아낼 수 있다. 날짜(가능한 한 여러 번 7을 뺀 나머지)와 달 코드, 연도 코드를 모두 더하라. 총합이 7보다 크면, 예를 들어 9라면 다시금 7을 가능한 만큼 계속 빼서 2로 만든다. 그러면 월요일이다. 이제 결혼 날짜인 1953년 2월 13일의 요일을 계산하는 법을 보여주겠다.

1. 날짜 13에서 7을 뺀다   = 6
2. 달 코드: 2월   = 4
3. 연도 코드: 1953 = EC = 에릭 클랩튼
   (당신의 욕실에서 기타를 치고 있다)   = 3
4. 총합   = 13
5. 7을 빼면 6이 남는다
6. 일주일의 여섯 번째 날은 무슨 요일일까?

답: 금요일 – 1953년 2월 13일은 금요일이다

이제 위의 코드를 이용해 당신이나 친한 사람이 태어난 날이 무슨 요일인지 계산해보자.

다음 페이지로 •·····▶

윤년과 다른 세기 계산하는 법

윤년이 끼어 있으면 계산을 살짝 바꿔야 하지만 날짜가 1월 1일부터 2월 29일 사이일 경우에만이다. 이런 경우에는 7을 빼기 전에 총합에서 1을 빼라. 윤년에서도 날짜가 1월이나 2월이 아니라면 그냥 통상적으로 계산하면 된다.

단 19세기나 21세기의 날짜에서는 위의 3단계 다음에 세기 코드(149페이지 참고)를 더해줘야 한다는 것을 잊지 마라.

인간이 처음
달에 간 연도는?

도미니크 기억법을 기억의 핵심 열쇠인 연상, 장소, 상상과 합쳐서 20세기의 특정한 해를 기억하는 데 사용할 수도 있다. 우리에게 필요한 건 숫자를 사람과 행동으로 바꾸고 이것을 사건에 연결시키는 것뿐이다.

1. 사건의 내용에서 핵심 이미지를 만들어라.
2. 날짜를 보고 마지막 두 개의 숫자를 도미니크 기억법을 이용해(23, 31, 33단계) 사람의 이니셜로 바꿔라. 모든 날짜들이 20세기의 것이니까 앞의 두 자리는 바꿀 필요가 없다.

3. 핵심 이미지를 사람과 그들의 행동과 합쳐서 머릿속에서
   하나의 장면으로 변환하라.

아래 테스트에 20세기의 유명한 열다섯 가지 사건이 일어난
해를 실어놓았다. 앞의 세 단계를 이용해 목록의 첫 번째 연도
를 외워보자. 첫째 사건의 핵심 이미지는 사람이 달 표면에 발
을 딛는 장면이다. 다음으로 도미니크 기억법을 사용해 1969년
의 마지막 두 자리를 이니셜 SN으로 바꾼다. 자, 그래서 나는
샘 닐이 공룡을 피해 달 표면에 첫발을 딛는 장면을 상상한다.
이제 사건과 연도가 머릿속에서 완벽하게 하나의 이미지로 연
결되어 기억에 자리를 잡았다.

테스트: 20세기의 역사적 사건이 일어난 연도

방금 연습한 방법을 사용해 5분 동안 이 목록의 열다섯 개 사건과
연도를 외워보자.

사건	연도
인간이 처음 달에 가다	1969
베를린 장벽이 무너지다	1989
워터게이트	1972

다음 페이지로 ●····▶

비키니 섬 핵실험	1946
마하트마 간디 암살	1948
포클랜드 전쟁 발발	1982
타이타닉 호 침몰	1912
영불 해협 터널 개통	1994
쿠바 미사일 위기	1962
샌프란시스코 대지진	1906
유리 가가린, 인간으로서 처음 우주에 나가다	1961
엘비스 프레슬리 사망	1977
페니실린 발견	1928
힌덴부르크 비행선 참사	1937
세인트헬렌 화산 폭발	1980

이제 연도를 가리고 몇 개나 맞게 외웠는지 확인해보자. 공책에 답을 적어라.

점수: 정답 하나당 1점

최고점:15   **초급:**3+   **중급:**7+   **고급:**14+

단골 미용실
전화번호쯤은 알아둘 것

　도미니크 기억법(23, 31, 33단계)을 계속 사용해왔다면 00부터 99까지 모든 두 자리 숫자를 대표하는 백 명의 캐릭터와 각자에게 어울리는 행동이나 소품 목록이 완성되었을 것이다. 어떤 두 자리 수든 보자마자 캐릭터와 그 행동이나 소품을 연상할 수 있다면 이제 더 긴 자리 숫자도 수월하게 외울 수 있다.

　조금만 성실하게 연습하면 두 자리 수를 보고 이니셜을 떠올리는 게 한 자리 수의 숫자-모양을 떠올리는 것만큼 쉬워질 수 있다. 예를 들어 숫자 43을 보면 자동적으로 마법사인 데이비드 카퍼필드(DC=43)가 모자에서 토끼를 꺼내는 장면이 머릿속에 떠오르게 된다.

일반적인 규칙을 하나 말하자면, 어떤 숫자를 기억하려고 하든지 캐릭터를 그와 관련된 장소에 배치하라. 예를 들어 내일 43번 버스를 타고 여행을 갈 거라면 이미지 기억의 배경으로 버스 정거장을 사용하라. 데이비드 카퍼필드가 버스 정거장에 서 있거나 버스를 직접 몰면서 동시에 모자에서 토끼를 꺼내고 있는 장면을 상상할 수도 있다.

_전화번호

그러면 도미니크 기억법과 적당한 장소를 배경으로 이용해 어떻게 전화번호를 외울 수 있을까? 단골 미용실의 전화번호를 외우고 싶다고 해보자.

미용실 전화번호 − 226 8357

지역번호는 이미 알고 있을 테니까 그 번호까지 넣을 필요는 없다. 우선 당신이 자주 가는 미용실 안의 모습을 떠올리자. 그런 다음 도미니크 기억법을 이용해 전화번호를 세 쌍의 숫자로 나눈 다음 세 명의 친숙한 캐릭터로 바꾸자. 마지막 남은 한 자리 숫자는 숫자-모양 기억법을 사용하면 된다.

22 = 브리지트 바르도

68 = 스티븐 호킹

35 = 클린트 이스트우드

7 = 부메랑(7의 숫자 모양)

이제 이 캐릭터들을 연결시켜서 순서대로 배치하기만 하면 된다. 예를 들어 브리지트 바르도가 손거울을 들여다보며 미장원으로 들어오는 모습을 상상하라. 입구 데스크에 앉은 스티븐 호킹이 망원경으로 그녀를 보며 맞이할 것이다. 그런 다음 그녀가 미장원 의자에 앉으면 그 뒤로 클린트 이스트우드가 부메랑을 던지면서 서 있다. 당신이 마주치는 캐릭터들의 순서가 전화번호를 올바른 차례대로 기억할 수 있게 해줄 것이다.

_복합 도미니크 기억법

위 방법은 어버이날이든 가족의 생일이든 아니면 결혼기념일이든 중요한 날짜를 기억할 때도 사용 가능하다. 이때 기억 저장 장소는 관계된 사람을 바탕으로 하고 있어야 한다. 조카 제시카의 생일이 11월 8일이라고 해보자. 이걸 어떻게 기억할 수 있을까?

11월 8일은 11.08로 쓸 수 있다. 도미니크 기억법을 사용하면 이것은 안드레 애거시(AA=11)가 중산모를 쓰고 있는(올리버 하디=08의 소품) 것으로 떠올릴 수 있다. 배경은 조카의 집으로 하면 된다. 이런 방법을 쓰면 사람(안드레 애거시)은 언제나 달을 나타내고 행동이나 소품은 날짜를 표현하게 된다.

하지만 날짜를 앞에 놓는 방법으로 쓰는 사람도 있다. 08.11처럼 날짜 다음 달을 쓰는 것이다. 이런 경우 사람이 올리버 하디(OH=08)가 될 것이고 안드레 애거시(AA=11)의 행동이나 소품을 사용한다. 즉 테니스 라켓을 휘두를 것이다. 그러니까 사람은 언제나 날짜를 의미하고 행동이나 소품은 달이 된다.

이제 '사람 한 명과 행동 하나'라는 복합 이미지를 만들었다는 것을 이해할 수 있겠는가? 캐릭터 한 명이 다른 사람의 행동을 취하는 것이다. 나는 이를 '복합 도미니크 기억법'이라고 부른다. 물론 두 캐릭터가 각자의 행동을 하는 장면을 떠올려도 된다. 하지만 그렇게 하려면 더 노력이 많이 든다. 두 명의 캐릭터에 두 가지 행동까지. 대신에 한 명의 캐릭터와 한 가지 행동으로 합치면 더 간결한 이미지를 만들 수 있고, 이게 머릿속에 저장하기가 더 쉽다.

연습: 복합 도미니크 기억법 사용하기

아래에 모든 두 자리 숫자들을 무작위적으로 배치해 두 쌍씩 묶어 놓았다. 각각을 캐릭터와 그에 맞는 행동이나 소품으로 바꿔라. 숫자를 알파벳으로 바꾸면 그 이니셜이 사람이나 그 사람의 행동과 소품을 알려줄 것이다. 공책에 뭔가 쓸 필요는 없다. 연습을 거듭하면 이 과정이 자동으로 실행될 것이다.

76	16	61	68	97	33	42	88	36	27
96	08	20	59	10	77	30	04	65	83
06	52	35	00	55	81	99	26	03	53
89	72	57	32	07	51	49	73	39	43
62	60	12	56	31	05	75	82	66	85
21	09	29	80	34	95	41	90	67	84
17	87	71	25	58	47	44	28	63	11
94	79	01	74	38	18	23	70	91	40
86	15	92	46	22	19	24	48	69	93
98	37	64	14	45	02	50	78	13	54

Step 38

신문기사는
복잡하다고?

신문은 매일, 매주 당신의 기억 기술 연마에 소중한 자료다. 온갖 종류의 정보들이 다 있기 때문에 다양하게 연습할 수 있다. 복잡한 사기 사건에 대한 내용이 상세하게 실려 있는가 하면 새로운 세계기록에 도전하는 현수교에 관한 계획안을 보도한 면이나 다른 나라 사이에 벌어진 영토 분쟁에 대한 내용도 있다.

다음 연습은 여행법과 링크법을 주로 사용해 신문기사를 따라가고 기억하는 훈련이다. 일반적인 기사에는 날짜, 이름(특히 해외 지도자들), 정당, 해외 동맹국들, 통계 등이 나오게 마련이다. 이런 여러 종류의 정보를 기억할 때 도움이 되는 적절한 기억 기술을 지금껏 배운 것 중에서 골라라. 기본 사실들을 기억하면 사건의 전반적인 경위를 좀 더 넓게 이해할 수 있다.

또한 무작위 숫자를 기억하는 능력을 시험하기 위해 신문의 경제면이나 스포츠팬이라면 스포츠팀의 경기표를 외울 수도 있다.

연습: 엄청난 정보 따라가기

이 방법은 신문기사에서 중요한 핵심을 계속 기억하도록 도와줄 것이다.

① 공통점이 전혀 없는 세 개의 기사를 각각 최소한 한 달, 또는 사건이 이어지는 한 계속해 따라가려 한다고 해보자. 각각의 기사에 그와 관련된 여행지를 부여하라. 예를 들어 환경 관련 기사라면 동네 공원을 여행지로 삼을 수 있다. 필요하면 추가 정거장을 더 배치할 수 있는 여행지로 골라라. 예를 들자면 회사로 가는 여행의 마지막 정거장이 체육관으로 가는 여행의 첫 번째 정거장으로 이어질 수도 있을 것이다.
② 기사를 읽으면서 필수적인 정보들만 추려라. 당신이 보기에 핵심이라고 생각되는 문제, 사실, 사건에만 집중하라.
③ 특정 기술을 사용해 정보를 기억하라. 예를 들어 사람을 외울 때는 사람과 얼굴(15단계)을, 통계치와 숫자를 외울 때는 도미니크 기억법(23, 31, 33단계)을, 날짜를 외울 때는 복합 도미니크 기

다음 페이지로 ●····▶

억법(37단계)을, 장소 이름에는 나라와 수도 외우기(18단계)를, 그리고 인용문 외우기(27단계) 등의 방법을 쓸 수 있다. 이 정보들을 하나의 복합 장면으로 합쳐라. 다시 말해 특정 시간과 장소에서 연설을 하는 정치인을 상상할 수도 있다. 그런 다음 이 이미지를 여행 경로의 어느 정거장에 배치하라.

④ 매번 당신의 주제에 관한 또 다른 기사를 읽으면 우선 여전히 지난번에 기억한 정보를 잊지 않고 있는지 확인하기 위해 여행 경로를 다시 한 번 돌아보라. 기사 내용이 술술 기억이 나면 이것을 복습해 장기적으로 보존하기 위해 '복습 법칙'(30단계)을 사용하자.

1997년
아카데미 수상작은?

영화를 사랑하는 사람이라면 지난 몇 년 동안 아카데미 시상식에서 작품상을 수상한 작품들을 잘 알 것이다. 하지만 그 작품이 상을 받은 연도도 이야기할 수 있는가? 1971년부터 2000년까지 아카데미에서 작품상을 받은 서른 개 작품을 목록에서 살펴보고 연도와 작품 제목을 외워보자.

여기까지 훈련을 해왔다면 필요한 것이 서른 개의 정거장으로 이루어진 여행 경로라는 점을 알 수 있을 것이다. 특별히 이 정보를 머릿속의 장기기억 저장소에 저장하고 싶다면 오직 이 목적으로만 사용할 여행 경로를 만드는 것이 좋다.

목록: 1971년부터 2000년까지 아카데미 작품상 수상작 30편

프렌치 커넥션	1971	플래툰	1986
대부	1972	마지막 황제	1987
스팅	1973	레인맨	1988
대부II	1974	드라이빙 미스 데이지	1989
뻐꾸기 둥지 위로 날아간 새	1975	늑대와 함께 춤을	1990
록키	1976	양들의 침묵	1991
애니 홀	1977	용서받지 못한 자	1992
디어 헌터	1978	쉰들러 리스트	1993
크레이머 대 크레이머	1979	포레스트 검프	1994
보통 사람들	1980	브레이브 하트	1995
불의 전차	1981	잉글리시 페이션트	1996
간디	1982	타이타닉	1997
애정의 조건	1983	셰익스피어 인 러브	1998
아마데우스	1984	아메리칸 뷰티	1999
아웃 오브 아프리카	1985	글레디에이터	2000

테스트: 아카데미 작품상 외우기

이번에도 역시 연관된 장소를 이용하는 것이 좋다. 예를 들어 동네 영화관을 활용하는 것이다.

아래 목록은 처음 열 편의 영화를 저장하는 데 사용할 열 개의 정거장으로 이루어진 여행 경로다.

1. 매표소
2. 매점
3. 영화 스크린
4. 앞열 좌석
5. 뒷열 좌석

6. 스크린 영사실
7. 화장실
8. 흡연구역
9. 회전문
10. 택시 정류소

나중에는 여행을 우리 동네까지로 넓힐 것이다. 그리고 다섯 번째, 열 번째, 열다섯 번째, 스무 번째, 스물다섯 번째와 서른 번째 정거장에 머릿속으로 명패를 달아놓는다. 즉 뒷열 좌석과 택시 정류소 등이다. 그 이유는 곧 알게 된다.

다음에는 작품상을 받은 각각의 영화를 핵심 이미지로 바꾸고 여행 경로의 정거장에 하나하나 배치하며 외운다. 즉 첫 번째 정거장에서는 강한 프랑스 억양을 가진 사람이 내 표를 끊어주는 것을 상상한다. 두 번째 정거장에서는 내 대부님이 커다란 팝콘을 사고 계신다. 세 번째 정거장에서는 영화 스크린 앞에서 가수 스팅이 기타를 치고 있는 장면을 떠올리는 식이다.

여기서는 역사적 사건이 일어난 해(36단계)를 외울 때와는 다르게 도미니크 기억법을 사용해 연도를 캐릭터로 바꿀 필요가 없다. 그 이유는 이 영화들이 1971년부터 2000년까지 순서대로 나오는데

다음 페이지로 ●┄┄┄▶

여행 자체가 이 순서를 알려주기 때문이다.

또 여행 경로에서 몇 개의 특정 정거장에 연도 명패를 달아놓았다. 뒷열 좌석은 1975년을 의미하고 택시 정류소는 1980년을 의미하는 식으로 내 여행의 서른 번째 정거장, 즉 2000년까지 계속된다. 그래서 중간에 있는 해와 그해의 영화를 찾을 때 여행 경로를 처음부터 쭉 따라가는 대신에 이 주요 정거장으로 곧장 뛰어들 수 있다.

이제 당신만의 여행 경로를 만들어보라. 나처럼 근처의 극장에서 시작해 동네로 경로를 넓혀가도 되고, 전혀 다른 경로를 골라도 된다. 다섯 번째, 열 번째, 열다섯 번째, 스무 번째, 스물다섯 번째와 서른 번째에서 머릿속으로 명패를 달아두는 것도 잊지 마라.

이제 책을 덮고 공책에 연도를 쓰고 각 연도 옆에 그해의 작품상 수상작을 써보자.

점수: 정답 하나당 1점

최고점:30 **초급**:5+ **중급**:24+ **고급**:29+

친구에게 아무 연도나 골라 물어보라고 부탁해 원하는 해를 떠올리기 위해 중간 정거장으로 점프하는 연습을 해보자.

핵심 이미지를
활용하자

흔히들 말하는 '마음으로 안다'는 말은 실제로도 맞는 이야기다. 우리가 정말 어느 시에 감탄해 그 시를 마음 깊이 느끼고, 이해하고, 음률을 알 정도가 되면 혼자서나 다른 사람들 앞에서 완벽하게 읊을 수 있을 것이다. 하지만 슬프게도 우리들 대부분은 마음으로 알 만큼 시를 읽을 여유가 없다.

이 단계에서 나는 여행법이 시를 효과적으로 외우도록 도울 수 있음을 보여주려 한다. 시를 외울 때 고르는 여행지의 경우 나는 대체로 야외가 최적의 장소였다. 거추장스러운 것이 없는 야외가 이미지를 펼치기 더 좋기 때문이다.

비결은 각 행의 특정 단어를 핵심 이미지로 바꾸어 서로 연결해 여행의 각 정거장을 따라 머릿속으로 '배치'하는 것이다.

이번 단계의 테스트를 통해 이 기술을 써보자. 여행의 매 정거장마다 장소와 시의 각 행의 첫 번째 단어 사이에 연결고리를 만들고, 외우려고 하는 행의 실제 주제를 합치자. 까다로운 기술이고 행이 복잡한 경우 가끔 전체 행의 단어 하나하나를 상기시켜줄 수 있는 여러 개의 핵심 이미지를 만들어야 할 수도 있다. 하지만 겁먹지 마라. 내가 앞장을 설 테니까.

테스트: 시 기억하기

① 〈서풍의 송시〉 첫 14행을 읽고 관계된 장소를 이용해 열네 개 정거장의 여행 경로를 만들자.

서풍의 송시 _퍼시 셸리
오 거친 서풍이여, 너 가을의 존재의 숨결이여, (7)
보이지 않는 너의 존재로부터 죽은 잎사귀들이 (6)
마치 마법사에게서 도망치는 유령처럼 흩어진다 (5)

누렇고, 검고, 창백하고, 벌건 홍조를 띤 (6)
역병에 시달리는 무리들. 오 너 (5)
그들을 어둡고 싸늘한 침대로 몰고 가는 너 (7)
날아온 씨앗들, 그들이 차갑게 몸을 뉜 곳에, (7)

다음 페이지로 •----▶

마치 무덤에 드러누운 시신처럼, 그러다 (5)
너의 푸른 누이 봄이 불어와 (5)

꿈꾸던 대지 위로 나팔을 불어, 그리하여 (6)
(주린 양떼처럼 달콤한 봉우리를 대기에 일으켜) (6)
산과 들을 생명의 빛과 향기로 가득 채워 (7)

거친 영혼, 사방으로 오가는 너 (5)
파괴자이자 보호자여, 들으라, 오 들으라! (5)

총 단어 수 (82)

② 15분 동안 시에서 최대한 많은 단어를 외워보자.

③ 여행 첫머리에 당신의 앞에 커다란 원이나 고리가 있다고 상상하라. 이것이 첫 행의 첫 단어인 '오'의 확실한 신호가 되어줄 것이다. 행 자체를 떠올리기 위해 당신이 가장 대표적이라고 생각하는 핵심 이미지나 장면을 골라라. 거친 서부의 카우보이와 가을바람은 어떨까? 핵심 이미지를 한데 합쳐서 여행의 첫 번째 정거장에 배치하라. 그러니까 내 시작 위치는 가을 산의 공원 입구다. 여기에 커다란 고리가 있고, 이것을 통과해 가면 거친 서부의 카우보이가 바람에 날려 하늘로 날아가는 것이 보인다.

④ 두 번째 정거장에서 다음 행의 시작 시구를 알려줄 만한 것을 만들어라. '보이지 않는' 것은 뭐가 있을까? 투명인간이 떠오를지도 모르겠다. 그러면 두 번째 행의 내용을 떠올릴 수 있도록 투명인간이 가을의 잎사귀들을 밟고 지나가는 장면을 상상하라.

다음 페이지로 •----▶

⑤ 세 번째 정거장에서는 '마치'를 떠올릴 수 있도록 병사들이 행진 (march)하는 장면을 고를 수도 있다. 그 앞에서 마법사에게서 도망친 유령들이 달아나는 장면을 상상하라.

이런 식으로 계속하면 된다. 14행을 전부 외웠으면 공책에 얼마나 기억하고 있는지 써보라.

점수: 맞게 기억한 단어의 수를 모두 세라. 단어 하나당 1점
최고점:82 **초급:**10+ **중급:**35+ **고급:**75+

이제 이 책의 마지막 장에 들어섰으니까 당신의 기억력 근육을 한계까지 늘여볼 차례다. 몇몇 단계에서는 지금까지 배웠던 기술을 강화하고 더 넓힐 것이다. 예를 들어 41단계(여행 안의 여행 떠나기)와 43단계(기억 속에 기억 저장하기)에서는 여행법을 확장해 여행 경로의 저장 능력을 더 키우는 법을 배운다. 46단계에서는 복합 도미니크 기억법을 이용해서 카드 여러 벌을 외우는 방법을 익힌다.

이진수 테스트처럼 세계 기억력 대회에서 나오는 과제도 몇 개 시도해보려고 한다. 이런 연습은 상당히 어렵지만, 이진수 배열을 외우는 나만의 독특한 이진수 코드 기억법(44단계)처럼 새롭고 더 고급스러운 기술을 활용하면 깜짝 놀랄 만한 결과를 얻을 수 있을 것이다.

이 장의 마지막 단계들에는 기억력을 증진시키는 게임과 조언, 그리고 복습용 연습들을 실어놓았다. 이걸로 숫자 기억 기술을 좀 더 연습할 수 있다. 52단계는 1단계에 비해 당신의 기억력이 얼마나 나아졌는지 알아볼 짧은 테스트로 이루어져 있다.

4장

기억력
최고 단계에 도전
[고급]

여행 안의
여행 떠나기

10단계에서 집 안을 여행하며 열 가지 '할 일' 목록을 외웠다. 아직도 기억하고 있는가? 수의사에게 전화하기, 선글라스 수리, 컵케이크 굽기 등.

목록을 떠올릴 수 있다면 당신은 아마 집 안을 거치는 열 개 정거장으로 된 첫 번째 여행도 기억할 것이다. 이번에는 똑같이 열 개의 정거장으로 이루어진 여행 경로에 다섯 배, 열 배, 심지어는 오십 배나 더 많은 물품을 저장하는 방법을 알려주겠다. 여행법을 로마식 방 기술과 결합시키는 것이다.

로마식 방 기술은 여러 물품 또는 창문이나 옷걸이처럼 방

안의 특정한 공간을 기억하고 싶은 정보와 연결하는 방법이다. 여행 안의 여행이라고 불러도 좋다. 집 안을 지나가는 여행의 첫 번째 정거장인 현관에 다섯 개의 소정거장을 더 만든다. 현관계단, 우편함, 초인종, 문손잡이와 문틀 등. 각 방이나 공간에서 늘 같은 방향으로 움직이는 것도 좋은 방법이다. 다시 말해 다섯 개의 물건은 언제나 당신의 머릿속에서 반시계 방향으로 배치되어 있는 식이다.

지금 방 안에 있다면 왼쪽에서 오른쪽으로 쭉 둘러보라. 물건을 몇 개나 셀 수 있는가? 탁자, 의자, 창문, 텔레비전, 벽에 걸린 두 개 정도의 그림 등이 있을 것이다. 잘 생각해보면 천 개까지는 못돼도 수백 개의 가구, 집기, 장식품, 조리도구, 책 등이 있을 테고 이것을 수백 개의 물품 목록과 연관시킬 수 있다.

테스트: 로마식 방

당신은 오십 개의 쇼핑 물품(다음 페이지에 있는)을 딱 한 번씩만 보고 외워야 한다. 이미 가진 집 안의 여행 경로를 처음의 열 개 정거장 이상으로 늘릴 필요는 없다. 대신에 각 방에서 다섯 개의 물건이나 가구, 작은 공간을 골라 기억 저장 공간을 오십 개까지 늘려라.

각각 다섯 개의 소정거장이 딸린 열 개의 정거장으로 된 여행 경로

다음 페이지로 ●····▶

를 다 만들었고 오십 개의 공간을 순서대로 잘 안다는 확신이 들면 오십 개의 쇼핑 물품을 15분 안에 외워보자.

처음부터 끝까지 돌면서 쇼핑 물품과 집 안에 있는 물건의 연관관계를 만들어라. 연결고리를 더 강하게 하기 위해 다시 돌아가고 싶은 유혹에 넘어가지 마라. 당신의 상상력을 믿고, 여행법과 창조적인 연상의 결합이 이 목록을 곧장 당신의 장기기억 저장고에 단단히 집어넣었을 거라고 여겨라. 끝까지 다 왔다면 연결고리를 강화하기 위해 다시 목록을 살펴봐도 좋다.

쇼핑 목록			
1. 화분	14. 비누	27. 우유	40. 못
2. 빵	15. 바늘	28. 튤립	41. 버들세공바구니
3. 접착테이프	16. 자전거펌프	29. 랩탑	42. 요거트
4. 버터	17. 꽃병	30. 카메라	43. 양초
5. 소시지	18. 향수	31. 금팔찌	44. 램프 스탠드
6. 요리책	19. 발레 슈즈	32. 아이스크림	45. 골프채
7. 커피콩	20. 말랑말랑한 장난감	33. 베개 커버	46. 지도
8. 후추 그라인더	21. 열쇠고리	34. 연	47. 트럼프 카드
9. 전구	22. 연필	35. 와인잔	48. 파란 풍선
10. 여행가방	23. 시디	36. 맥주	49. 계산기
11. 칫솔	24. 개목걸이	37. 배(과일)	50. 빨간색 페인트
12. 가위	25. 망치	38. 계란	
13. 배터리	26. 신문	39. 연어	

다음 페이지로 •·····▶

첫 번째 정거장을 함께 해보자. 쇼핑 목록의 처음 다섯 개 물품을 여행의 다섯 개 소정거장과 어떻게 연결시킬까? 자신이 현관 계단에 서 있고 바로 앞에 커다란 화분이 있어서 넘어가야 하는 장면으로 시작할 수도 있다. 그다음에는 우편함에 빵 한 덩이가 튀어나와 있는 게 보인다. 초인종에는 접착테이프가 붙어 있다. 문손잡이를 돌리려고 하니까 버터 때문에 손이 미끄러진다. 간신히 문을 열고 들어가면 위쪽 문틀에 소시지 한 줄이 달랑달랑 매달려 있다.

이제 여행의 두 번째 정거장으로 가서 다음 다섯 개의 물건을 소정거장에 배치하는 식으로 목록의 끝까지 쭉 해보자.

다 됐다면 다시 한 번 확인하고 책을 덮는다. 이제 공책에 가능한 한 많은 물건을 차례대로 써보아라. 이것은 굉장히 어려운 테스트로 오십 개의 물건을 전부 다 맞게 쓸 거라고 기대하지는 않으니까 긴장하지 마라.

점수 : 제대로 기억한 쇼핑 물품 하나당 2점

최고점:100　　**초급**:5+　　**중급**:22+　　**고급**:90+

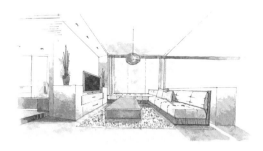

1808년에는
어떤 일이 일어났을까?

36단계에서 우리는 20세기의 역사적 사건이 일어난 해를 외우는 방법을 공부했다. 거기서는 도미니크 기억법을 사용해 연도의 마지막 두 자리를 사람으로 바꾸었다. 하지만 더 오래된 일이나 미래의 연도를 외우고 싶다면(즉 다른 세기의 연도) 특정 연도의 네 자리를 모두 다 기억해야만 한다.

이를 위해 나는 복합 도미니크 기억법(37단계 참고)을 이용해 연도를 복합 이미지(사람+행동)로 바꾼다. 그런 다음 36단계에서처럼 이 이미지를 사건과 연결하는 방법을 찾는다. 각각의 사건에서 핵심 이미지(또는 단어)를 골라 연도와 연관을 짓는 것이다.

가상의 사건을 예로 들어보자. 1808년에 침팬지가 동물 최초로 트럼프 카드 한 벌을 외웠다고 해보자. 이것을 어떻게 기억할까? 우선 연도인 1808을 아돌프 히틀러(AH=18)가 중산모를 쓴 모습(올리버 하디의 소품. OH=08)으로 바꾼다. 그런 다음 트럼프 카드를 든 침팬지를 이 사건을 상징하는 핵심 이미지로 고른다. 이제 이 이미지를 저장할 적당한 장소를 택하고 배경 속에서 두 가지 이미지를 서로 연결시킨다. 나는 중산모를 쓴 아돌프 히틀러가 원숭이 우리에 있고, 그 앞에 침팬지가 트럼프 카드 한 벌을 들고 있는 장면을 머릿속에 저장한다. 이런 창조적인 과정을 거쳐서 사건과 연도가 확실하게 기억 속에 각인되어서 잊어버리지 않게 되는 것이다. 하지만 처음부터 이런 종류의 기억을 떠올리기 위한 추가 장치로 여행법에 맞춰 각각의 사건을 저장해놓고 싶을 수도 있다.

테스트: 과거와 미래의 연도

다음 열다섯 개의 연도와 가공의 사건들을 5분 동안 외우자. 원한다면 열다섯 개 정거장으로 된 여행법을 사용해도 좋다.

사건	연도
최초의 타임머신 발명	1911
날개 달린 낙타 멸종	1234
여성이 세계를 지배하다	2078
음악가가 자기 피아노를 먹다	1444
남극에서 아틀란티스 발견	1612
식인 개구리가 몰타를 침공하다	1893
문어의 먹물이 영원한 젊음의 비밀을 밝히다	1759
감자가 금보다 비싸지다	2023
파리가 곡예 자유 지역이 되다	1065
'안녕'이라는 인사말이 처음 사용되다	1130
말하는 자전거가 패션의 최신 유행이 되다	1342
기타가 활과 화살로 사용되다	1276
느릅나무가 페루의 대통령으로 선출되다	2064
수중 화염이 위험하지 않다는 사실이 밝혀지다	1489
펜을 든 사람이 칼에 찔려 죽다	1998

이제 책을 덮고 몇 개의 사건과 관련 연도를 공책에 쓸 수 있는지 확인해보라.

점수: 정답 하나당 1점

최고점:15   **초급**:3+   **중급**:9+   **고급**:14+

기억 속에
기억 저장하기

41단계에서 우리는 로마식 방 기술이 여행 속의 여행으로 작용하는 것을 보았다. 이는 기억하고 싶은 정보를 창문이나 옷걸이처럼 방 안의 다른 물건, 또는 장소와 연결시키는 방법이다. 외우고 싶은 목록의 실제 항목을 고리처럼 사용해 기억하고 싶은 다른 물품과 연결시킬 수 있다. 다시 말해 기억 속에 기억을 저장할 수 있다.

다음 페이지의 네모 칸에 있는 아무 관계없는 두 쌍의 단어를 사용해 간단한 예를 들어보겠다.

로지	자갈
크리스	웃음

목록을 보며 같은 이름을 가진 당신이 아는 사람(또는 유명인)의 모습을 여행의 각 정거장에 배치하자. 상상력을 발휘하는 걸 잊지 마라. 로지라는 이름을 가진 사람이 생각나지 않으면 대신 장미(로즈)덤불을 떠올려도 좋다. 이름을 저장했으면 여행 경로에서 사람(또는 사물)을 다음 단어와 연결시키는 고리로 사용하라. 그러니까 여행의 첫 번째 정거장(현관이라든지)에 로지(또는 장미)를 배치했다면, 이제 그녀가 거기에 더해 자갈을 들고 있는 모습으로 상상하라(또는 장미덤불 아래 자갈이 놓인 장면으로). 여행의 두 번째 정거장에서는 또다시 크리스가 당신을 기다리고 있겠지만, 이번에는 웃고 있는 모습을 그려라.

테스트: 기억 속의 기억

이제 오른쪽 페이지의 스무 개의 이름과 명사 목록을 한 번에 한 열씩 외워보자. 여행법에 당신의 강력한 상상력을 합쳐 기억에 남을 만한 연상을 만들어내야 한다.

다음 페이지로 •····▶

이름	명사
캐롤린	잡지
레베카	전화
찰리	키스
앤	비행
사라	소설
데이빗	분노
루퍼트	화가
제시	집주인
피터	잠
메리	가슴뼈
빌	현기증
제인	노래
샘	시간
에드워드	요리사
앤	피아노
스티브	계단
앤디	펀치
커스텐	손
도미니크	카드
샐리	댄서

① 스무 개 정거장으로 된 여행 경로를 만들어라. 이름 목록을 보고 여행의 각 정거장에 한 사람, 또는 그 이름을 상징하는 이미지를 떠올려라.

다음 페이지로 •----▶

② 전부 저장했으면 여행 경로를 다시 돌아보며 이번에는 사람들에게 명사를 연결시켜라.

③ 다 되었다면 2분 동안 전체 여행 경로를 다시 살펴보라. 그런 다음 책을 덮고 5분 동안 공책에 두 열의 이름과 명사를 다시 써 보자.

점수: 맞은 사람 이름 하나당 1점이고 맞은 명사 하나당 1점

최고점:40   초급:8+   중급:26+   고급:38+

점수가 13점 이상이라면 좀 더 테스트해보고 싶을 수도 있다. 친구에게 두 개의 목록에 있는 마흔 개 단어에 관해 아무 질문이나 빠르게 스무 번 해보라고 부탁하라. 예를 들어 '분노는 누구랑 짝이지?', '목록의 열여덟 번째 사람은 누구고 어떤 명사랑 짝이지?' 또는 '노래와 짝인 사람 바로 전에 있는 사람은 누구지?' 같은 질문을 할 수 있다. 이를 통해 당신은 여행 경로를 앞뒤로 오가며 얼마나 자유자재로 여러 정보를 끄집어낼 수 있는지 알게 된다.

또 이론적으로는 새로운 정보를 무한정 추가할 수 있음도 깨닫게 된다. 예를 들어 캐롤린이 중국인 바이올리니스트에 관한 잡지를 읽는 식으로 덧붙일 수 있다.

30분 만에
3,705자리 이진수를 외운 방법

이진수는 컴퓨터 언어로 0과 1만을 조합해 모든 값을 표현한다. 간단하지만 엄청난 정보 표현 방법이다.

이진수 테스트는 세계 기억력 대회에서 핵심 이벤트 중 하나다. 2004년에 영국인 벤 프리드모어가 30분 만에 3,705자리의 이진수를 외우면서 새로운 세계기록을 세웠다.

00부터 99까지 모든 숫자들의 도미니크 기억법을 외웠다면 이진수 암기 도구를 확보한 것이다. 다음은 12자리의 이진수를 복합 도미니크 기억법을 사용해 하나의 이미지(한 명의 사람과 하나의 행동/소품을 이용해)로 외우는 방법이다.

_이진수 코드

0과 1이 줄줄이 있는 숫자는 우선 세 개씩 작은 그룹으로 자를 필요가 있다. 곧 이유를 설명하겠지만 이 그룹 하나하나에 한 자리의 십진수 코드를 부여해줄 것이다. 아래 여덟 종류의 세 자리 이진수와 이들을 십진수 숫자로 바꾼 것을 실어놓았다.

000 = 0   011 = 2   110 = 4   010 = 6

001 = 1   111 = 3   100 = 5   101 = 7

이 간단한 코드를 알아두자. 0부터 3까지의 코드는 쉽게 기억할 수 있을 것이다. 1이 두 개 있으니까 2, 1이 세 개 있으면 3이 되는 식이다. 하지만 4부터 7까지는 조금 어렵다. 이 코드들을 기억하기 위해서는 시각적 기억술을 사용해야 한다. 예를 들어 110은 나에게 사람 두 명이 있는 쪽으로 굴러가는 공을 연상하게 만들기 때문에 나는 경고하기 위해 '사(4)람 있어요!'라고 소리친다. 100은 안경과 비슷하게 생겼으니까 해마(5의 숫자 모양)를 관찰하기 위해 안경을 쓴다. 010은 가운데 코가 있고 양옆으로 두 개의 귀가 있는 코끼리(숫자 모양 6)를 연상시킨다. 101은 접시와 양옆의 포크 모양 같다. 나는 대체로 저녁을 7시에 먹는다.

이제 당신은 어떤 세 자리 이진수든 한 자리의 십진수 코드로 표현할 수 있게 되었다. 그러니까 여섯 자리의 이진수를 두 자리 십진수로 바꿀 수 있게 된 것이다. 예를 들면 다음과 같다.

101 = 7이고   011 = 2니까   101011 = 72

110 = 4이고   111 = 3이니까   110111 = 43

이 숫자들을 도미니크 기억법을 사용해 사람과 행동으로 바꾸면 어떤 복합 이미지를 얻을 수 있을까? 나는 조지 부시(72=GB)가 모자에서 토끼를 꺼내는(43=DC, 데이비드 카퍼필드의 행동) 모습을 떠올린다. 이제 당신은 12자리 이진수인 101011110111을 하나의 복합 이미지로 기억하게 되었다.

테스트: 이진수 암기에 도전하기

다음에 60자리의 무작위 이진수 배열이 있다. 이 숫자들을 외우기 위해 이것을 여섯 개씩 묶어 열 개의 두 자리 숫자로 바꾼 후 각각을 사람으로 변환시켜 열 개의 정거장으로 이루어진 여행법을 사용할 수 있다. 이들을 사람과 행동이라는 복합 이미지로 바꾸면 다섯 개의 정거장만으로도 충분하다. 처음 여섯 자리인 011 110은 두 자리의 십진수 24(011=2이고 110=4), 두 번째 여섯 자리 수는 36(111=3이고 010=6)이다. 그러니까 베티 데이비스(24=BD)가 모델 워킹을 하고 있는(36=CS, 클라우디아 쉬퍼의 행동) 장면을

다음 페이지로 •····▶

떠올릴 수 있다.

15분 동안 다음 숫자를 외워라.

011 110 111 010 111 100 000 001 101 111 100 001 010
101 101 100 111 000 110 010

이제 책을 덮고 공책에 기억하는 가능한 한 많은 숫자를 써보라.

점수: 맞게 쓴 이진수 하나당 1점. 이 책 처음에 있었던 테스트처럼 이것도 '틀리면 끝'인 방식이다. 처음 여섯 자리를 맞게 기억했지만 일곱 번째 자리에서 틀렸다면 점수는 6점이다.

최고점:60   **초급**:6+   **중급**:12+   **고급**:42+

점수가 별로 높지 않다 해도 걱정하지 마라. 이것은 꽤 어려운 연습이다. 새로운 이진수들로 계속해서 연습하라.

사전을 통째로
내 머릿속에

몇 년 전 나는 말레이시아에서 기억력 강의를 한 적이 있다. 그때 말레이시아 전국 기억력 챔피언이었던 입 스위 추이 박사도 함께했는데, 그는 사전 외우는 방법을 시연했다.

추이 박사는 나처럼 정보 저장에 여행법이 유용하다고 여겼는데 그는 기억의 여행을 그야말로 놀랄 만큼 길게 했다. 추이 박사는 몇 달에 걸쳐 약 58,000단어가 실린 영어-중국어 사전을 전부 외웠다고 말했다. 순서뿐만 아니라 어떤 영어 단어라도 제시하면 뜻과 중국어 단어까지 말할 수 있다는 거였다. 나는 그에게 시험 삼아 '소파덮개(Upholstery)'라고 말해보았다. 놀랍

게도 몇 초 만에 추이 박사는 그 단어의 정확한 뜻과 그에 맞는 중국어 단어, 거기다 그 단어가 든 페이지와 그 페이지에서 몇 번째 줄인지까지 술술 읊었다. 다른 청중들도 질문을 했고 그는 매번 정확하게 답했다. 추이 박사는 58,000개의 정거장으로 이루어진 긴 여행 경로를 갖고 있으며 매 정거장마다 핵심 이미지의 형태로 정보를 불러올 수 있다고 했다.

추이 박사의 시연은 경이로웠다. 사전을 달달 외울 때의 실용적인 이득은 둘째 치고 인간의 기억력이 무한함을 증명해주고 여행법의 뛰어난 능력을 확실하게 보여주는 증거다.

테스트: 무작위 단어 외우기

내가 영어-스와힐리어 사전을 외우라고 하지 않아서 아마 안도하고 있겠지만, 이번 연습은 당신의 연상 능력을 한계까지 시험할 것이다.

세계 기억력 대회에서 열리는 '무작위 단어 암기 시합'은 참가자들이 15분 안에 최대한 많은 무작위 단어들을 순서대로 외우는 것이다. 다음 페이지에 실린 여든 개의 단어들은 실제로 몇 년 전 단어 시합에 나왔던 것이다. 이를 외우기 위해 어떻게 여행 경로를 짜는 게 가장 좋을지를 생각해야 한다. 개인적으로 나는 한 정거장을 하나의 단어와 연결하기 때문에 여든 개의 정거장으로 이루어진 여행지가 필요하다. 하지만 단어를 두 개씩 묶어 한 정거장에 배치

다음 페이지로 •····▶

하는 사람도 있다. 이런 경우 마흔 개의 정거장으로 된 여행지가 필요할 것이다(43단계: 기억 속에 기억 저장하기를 볼 것). 아니면 로마식 방 기술을 쓸 수도 있다(41단계). 열여섯 개 정거장으로 이루어진 집 안의 여행 경로에서 정거장 하나에 다섯 개의 소정거장을 넣어 확장하는 것이다.

여행 경로가 준비되었으면 15분 동안 최대한 많은 단어를 순서대로 외워라.

힌트: 10분 동안 최대한 많은 단어를 외우고, 마지막 5분 동안에 저장한 것을 복습하라.

무작위 단어 암기 시합의 여든 개 단어				
해부	혈액	배열	가위	퀼트
돼지	조종사	닫다	바나나	끝나다
상태	배우자	맞다	빗자루	머리빗
코코넛	편안하다	도로포장	열람실	응접실
비비원숭이	기반	가리키다	사기	썰매
구술시험	바삭바삭	따라가다	틀니	오븐
갑옷	부두	손수레	통나무	형제
톱밥	격자	아케이드	장갑	대포
이탤릭체	동반자	기린	원자력	시계
에너지	이단	수수료	여분	가짜
오렌지	뼈	오리	삼키다	수료증
관청	논쟁	활강	사귀다	고백하다
아이보리	감마	허가하다	두개골	이끼
주머니	앵무새	내파하다	벙커	다이너마이트
회계사	상사	선거권	여섯	개혁
간장	세다	물고기	지불하다	억압하다

다음 페이지로 •----▶

이제 책을 덮고 기억을 되살려서 최대한 많은 단어를 순서대로 공책에 써보자.

점수: 목록의 첫 번째 단어부터 틀리기 전까지 연속으로 맞게 쓴 단어 하나당 1점

최고점:80 **초급**:5+ **중급**:20+ **고급**:50+

더 복잡한
여러 벌 카드 외우기

1985년 7월 21일, 내가 기억력 훈련을 하게 만든 사건이 일어났다. 바로 위대한 크레이튼 카벨로가 텔레비전 쇼 〈기네스 세계기록〉의 일본판에 나온 것이다. 크레이튼은 생방송 무대에서 카드 외우기를 선보였다. 엄청난 기억 능력을 보여준 장면이 있었는데 크레이튼 본인의 말을 빌리자면 다음과 같았다.

"카드 여섯 벌을 각각 외우려고 했는데 보니까 카드가 제대로 섞이지 않아 대부분이 순서대로 있더군요. 그래서 일본 TV에서 나온 여성분들이 다시 섞다가 카드가 테이블에서 바닥으로 떨어져버렸어요. 그들은 뒤섞인 카드들을 주워 한 번 더 섞어 여섯 벌을 무작위로 섞인 한 덩이로 만들었습니다. 저는 312장의 카드 전체를 한 번밖에 보지 못했고 스물네 번 틀렸습니다. 그래서 새로운 기록이 탄생했죠. 여섯 벌을 통째로 뒤섞어 외우는 방식으로요!"

그 이래 나와 전 세계의 다른 카드 암기자들은 크레이튼의 기록보다 얼마나 더 잘할 수 있는지 수 년 동안 경쟁하고 있다.

2002년, 나는 총 54벌의 카드(2,808장)를 뒤섞은 다음 딱 한 번씩만 펼쳐서 외웠다. 그런 다음 기억을 떠올리는 동안 여덟 번 틀렸고, 이 책을 쓰는 지금 이 순간까지 이것은 현재 카드 여러 벌 외우기 세계기록을 유지하고 있다.

내가 카드 54벌을 외운 방법은 다음과 같다.

여행법에 복합 도미니크 기억법을 합쳐 사용했는데 우선 오십두 개의 정거장으로 이루어진 여행 경로 스물일곱 개를 준비했다. 그런 다음 정거장 하나하나에 두 장의 카드를 상징하는 사람과 행동을 배치했다. 다시 말해 1,404개의 정거장에 두 장의 카드로 이루어진 복합 이미지를 저장했다는 이야기다.

예를 들어 뒤집어서 펼친 처음 두 장의 카드가 다이아몬드 킹과 클럽 에이스였다면 나는 빌 게이츠(다이아몬드 킹)가 술병을 들고 있는(에이스 클럽은 AC, 알 카포네의 행동) 장면을 상상하고, 그는 내 첫 번째 여행의 첫 번째 정거장인 우리 집 현관에서 있다. 카드의 순서가 반대라면 알 카포네가 다이아몬드를 세면서(빌 게이츠의 행동) 우리 집 현관에 서 있을 것이다.

34단계에서 카드 한 벌을 외워봤다면 이미 오십두 개 정거장으로 된 여행 경로를 갖고 있을 것이다. 이론상 당신은 두 벌의 카드를 외울 저장공간을 가진 셈이다. 다른 방식으로 보자면 카드 한 벌을 외우는 데는 34단계에서처럼 오십두 개가 아니라 스물여섯 개의 정거장만 있으면 된다는 거다.

두 벌의 카드를 외우기 전 우선 도미니크 기억법(23, 31, 33단계)과 그림 카드(34단계)를 점검해 트럼프 카드의 캐릭터들을 머릿속에 한 번 더 정리하는 것이 좋을 수도 있다.

테스트: 두 벌의 트럼프 카드 외우기

이제 여행법과 복합 도미니크 기억법을 사용해 내가 방금 전에 설명한 방식대로 두 벌의 카드를 외워보자.

① 34단계에서의 여행 경로를 훑어보고 오십두 개의 정거장을 전부 잘 기억하는지 확인하자.
② 두 벌의 카드를 한데 섞는다. 카드를 뒤집을 때 한 쌍의 카드를 하나의 복합 이미지(사람과 행동)로 전환하고 여행의 정거장에 배치한다.
③ 15분 동안 두 벌의 카드를 외운다.
④ 이제 104장의 카드 전부를 떠올려보라. 각 카드를 순서대로 말

다음 페이지로 •····▶

하는 동안 확인해달라고 친구에게 부탁하거나 공책에 차례대로 적는다.

점수: 틀린 개수로 평가한다

다 틀렸을 때:104   **초급:**42+   **중급:**41이하   **고급:**9이하

이 연습이 어렵다고 해도 걱정할 필요는 없다. 마흔두 개 이상 틀렸다면 카드 한 벌만 갖고 계속 연습을 하고(34단계 참고) 준비가 되었다 싶으면 다시 두 벌의 카드로 넘어와라. 틀린 개수가 대충 스무 개 이하가 되면 여러 벌의 카드를 외워봐도 좋다. 예를 들어 네 벌의 카드를 외우려면 다음 번 복합 이미지를 저장하기 위해 새로운 오십두 개 정거장으로 된 여행 경로가 필요할 것이다.

그 손님이
어디에 앉았더라?

발표를 할 때나 저녁식사 후 강연을 할 때 나는 종종 일종의 '분위기 띄우기' 이벤트로 그곳에 있는 모든 사람의 이름을 하나하나 부르며 마무리를 한다. 사업상 회의나 큰 자선만찬 같은 데 참석하면 한꺼번에 많은 새로운 사람들을 만나게 된다. 15단계에서 우리는 신체적인 유사점과 독특한 얼굴 특징, '발음이 비슷한' 이름 등을 통해 사람들의 이름과 얼굴 외우기를 익혔고, 당신이 만들어낸 이미지를 뭔가 관계가 있는 장소에 저장했다. 이 단계를 계속하기 전 15단계를 복습하고 오는 게 좋을지도 모르겠다.

이제 사람들을 만나기 전에 어떤 사람의 이름, 또는 수많은 사람들의 이름부터 먼저 알게 되는 경우 어떻게 해야 하는지를 알려주겠다. 회의에 함께 참석할 사람들의 명단을 받았거나 결혼식에서 사람들의 자리 배치도를 보는 경우다.

우선 적절한 수의 정거장이 있는 여행 경로를 고른다. 이름이 오십 개라고 해보자. 오십 개의 이름이 어떤 식의 그룹으로 나뉘어 있다면, 그러니까 한 테이블에 다섯 명씩 앉는 자리 배치도라든지 아니면 한 회사나 국가에서 다섯 명의 대표가 출석하는 식이라든지 그러면 다섯 개의 정거장이 있는 여행 경로 열 개를 사용할 수도 있고, 아니면 다섯 개의 소정거장이 딸린(41단계, 로마식 방 내용 참고) 열 개의 정거장으로 된 여행 경로 하나를 사용할 수도 있다. 그러니까 1번 테이블은 여행의 첫 번째 방이 되고 2번 테이블은 두 번째 방, 그런 식이다. 회사 이름에 따라 이름이 묶여 있으면 회사를 상상하라. 예를 들어 '타이거 선적'이라면 나는 방문에 검정색과 주황색 호랑이 줄무늬가 있는 배 그림이 붙은 것을 상상한다.

목록의 첫 번째 이름이 빅토리아 그린이라고 해보자. 아직 빅토리아 그린을 만난 적이 없으니까 신체적인 유사성이나 특징을 연결시킬 수는 없지만, 그 이름을 상징하는 이미지를 만들어야 한다.

빅토리아는 바로 영국의 빅토리아 여왕을 연상시킨다. 나는 빅토리아 여왕이 화사한 초록색 드레스를 입은 모습을 상상하고, 이 이미지를 내 여행의 첫 번째 정거장에 배치한다. 진짜 빅토리아 그린을 만나면 그녀를 내 이미지에 결합시킨다. 그녀가 빅토리아 여왕에게 절을 하는 장면 같은 것이다. 이제 당신은 남은 저녁 시간 동안 빅토리아를 기억하는 데 아무 문제가 없을 것이다.

하지만 진짜 빅토리아를 직접 만났을 때 눈에 띄는 특징이나 유사점이 있다고 해보자. 이것을 이용해 진짜 인물과 당신이 상상한 장면 사이의 연결고리를 더욱 강화시킬 수 있다. 그녀가 환하게 웃는다고 하면, 빅토리아가 당신의 이미지 속에서 빅토리아 여왕에게 웃게 만들어라.

같은 방식으로 오십 명 전부를 이미지로 바꾼 다음 아직 만나지 못한 이 사람들 각각을 여행의 정거장, 또는 소정거장에 배치할 수 있다. 그런 다음 그 사람을 만나면 이미 만들어놓은 장면에 창조적인 방식으로 결합시키는 거다.

나처럼 당신이 외운 이름을 깜짝 묘기로 쓰려고 한다면 모든 사람들에게 일어나라고 하고 파티장을 돌아다니며 한 명 한 명의 이름을 말하라. 자기 이름을 들은 사람은 그냥 자리에 앉으면 된다.

남는 사람이 바로 불청객이다!

테스트: 손님 이름과 자리 배치도

격식을 갖춘 저녁식사 자리에 참석할 예정이고 네 개의 테이블에 스무 명의 손님들이 앉게 된다고 해보자. 스무 명의 이름 전부와 그들의 테이블 번호를 외워보자. 우선 다섯 개의 정거장이 있는 네 개의 여행 경로나 다섯 개의 소정거장이 딸린 네 개의 정거장으로 이루어진 여행(로마식 방 기술) 하나를 골라라. 그런 다음 상상력을 이용해 각 사람들의 이름을 핵심 이미지나 장면으로 바꾸어 이들을 여행 경로에 있는 정거장이나 소정거장에 배치하라.

테이블1	테이블2	테이블3	테이블4
제인 리틀	마이크 스텟슨	스티브 레인저	이브 로웨
피터 라이온스	질 테일러	준 하비	루퍼트 와츠
샐리 비숍	빌 해처	앤디 쿠션	니나 할리
헨리 웨일	프레드 노블	릴리 베딩	테리 워드
수잔 댄스	메리 브라운	데이브 라크	로웨나 워드

이제 어느 손님이 어느 테이블에 앉는지 잘 기억하고 있나 확인해보자. 공책에 테이블 번호를 쓰고 다섯 명의 손님을 각각 적어라.

점수: 맞게 적은 손님 한 명당 5점(이름과 성을 모두 맞혀야 점수를 받을 수 있다)

최고점:100   **초급**:15+   **중급**:50+   **고급**:90+

스트레스는
기억력의 가장 큰 적

지금까지 이 책에서 당신은 머리를 훈련시켜 기억력을 높이는 법을 배웠다. 여러 어려운 연습을 통해 기억력을 한계까지 늘여본 것이다. 기억력을 발달시키고 싶다면 머리 쓰는 연습이 당연히 필요하지만, 다른 부분도 무시해서는 안 된다. 다시 말해 몸을 훈련하면 기억력 훈련의 효과를 더 높일 수 있다.

수년 동안 기억력 대회에 참가하면서 나는 편안하고 육체적으로 건강한 사람들이 훌륭한 실력을 보여준다는 사실을 알게되었다. 물론 예외도 있었다. 하지만 경험상 나는 내가 가장 훌륭한 실력을 발휘했을 때가 두뇌 훈련뿐만 아니라 신체까지 관리했을 때였다고 단언할 수 있다.

우리의 뇌는 산소로 활동하고, 산소를 뇌세포에 공급하는 가장 생산적인 방법은 규칙적으로 운동을 하는 것이다. 그렇다고 해 매주 20킬로미터 마라톤을 뛰라는 건 아니다. 심박수를 조금 높이고 숨이 찰 정도로 어떤 운동이든 하는 게 낫다는 거다. 하루에 20분 정도 운동하는 것을 목표로 삼아라.

식생활 역시 기억력 향상에 도움이 된다. 항산화 비타민 A, C, E가 풍부한 음식을 먹자. 바나나와 빨간색 피망, 시금치, 오렌지 같은 색이 진한 과일이나 야채에 많은데 뇌세포에 손상을 입히는 활성산소라는 화학물질을 없애준다. 연어처럼 기름진 생선에는 엽산과 여러 필수 지방산(특히 오메가-3)이 많고, 이들 모두는 건강한 뇌와 신경 체계를 유지하는 데 필수적이다. 내가 먹고 있는 징코 빌로바 같은 영양 보충제 역시 뇌세포에 산소를 공급하는 것을 도와준다.

_스트레스와 자극

나에게 훈련을 받으러 오는 많은 사람들이 기억 기술만 배우면 기억력에 관한 모든 문제가 해결될 거라고 믿는 경향이 있다. 하지만 조사에 따르면, 기억력이 쇠퇴하는 핵심 원인은 스트레스가 크게 늘어났기 때문이다. 나는 이들에게 정기적으로 이 책에서 설명한 기술들을 연습하라고 시키는 한편 스트레스의 원인이 무엇인지 파악하도록 돕는다.

스트레스를 받는 상황에서 몸은 다량의 아드레날린을 생산한다. 이것은 '투쟁 도주 반응'이라고 알려진, 원초적인 생존 메커니즘이다. 하지만 오늘날 대부분의 스트레스 상황에서는 과도해진 아드레날린이 다 소진되지 못한다. 결국 우리 몸에 계속 쌓인다. 장기적으로, 또는 반복적으로 스트레스에 노출되면 이로 인해 기억력에 큰 손상을 입는다.

스트레스로 인해 뇌는 새로운 뉴런의 생산을 중단할 뿐만 아니라 정신적인 자극이 사라지며 이미 존재하던 뉴런까지 죽을 수 있다. 우리는 정신을 자극하고 키우며 동시에 스트레스의 위협에서 보호해야 한다.

팁: 스트레스 해소하기

다음의 조언들은 긴장을 풀고 스트레스와 싸우는 것을 도와준다.

- 정기적으로 머리와 몸을 운동시켜라. 뇌를 자극하기 위해 머리 쓰는 게임을 하고 뇌에 정기적으로 산소를 공급하기 위해 육체적인 활동을 늘려라
- 항산화제(비타민 A, C, E)와 기름진 생선, 견과류에 많은 필수 지방산이 다량 함유된 균형 잡힌 식사를 하라

다음 페이지로 ●┈┈┈▶

- 매일 정기적으로 휴식 시간을 가져라. 따뜻한 목욕이나 동네 산책, 그림 그리기처럼 마음을 진정시켜주는 거라면 뭐든지 좋다
- 압박을 받는 느낌이 들면 기억 명상을 하라(눈을 감고 특별했던 외출이나 아름다운 풍경처럼 긍정적인 기억을 떠올린다. 이 기억을 잘 드러내는 하나의 이미지를 만들어라. 당시에 느꼈던 모든 긍정적인 감정이 이 이미지에서 퍼져 나오는 것을 상상하라. 눈을 뜨면 당신은 새로운 활력과 강한 집중력을 느끼게 될 것이다)
- 스트레스의 원인과 패턴을 파악하기 위해 스트레스 일기를 써라. 공책에 매일매일 한 페이지씩 스트레스를 느꼈을 때와 그 스트레스를 느끼기 직전에 있었던 일을 적어라(자신의 모든 활동과 당시에 느낀 기분도 적어라. 그리고 한 주가 끝날 때 일기를 분석해보라. 뭔가 패턴이 보이는가? 회사까지 가는 통근 지하철에서 가장 스트레스를 느낀다면 다른 교통수단을 찾아보는 것도 방법이다. 가족과 함께 시간을 보낼 때 가장 마음이 편안하다면 가족과의 시간을 좀 더 늘려라)

퀴즈 게임에서
절대 지지 않는 법

일반 상식을 좋아하는 사람들은 대체로 퀴즈도 좋아한다. 잡지든 술집이나 클럽에서 하는 게임이든 혹은 상식 맞히기 보드 게임이든 상관없다. 퀴즈 게임의 팬이 아니라고 해도 퀴즈 진행자가 물어볼 것 같은 정보를 외우는 건 기억 기술을 연습하는 데 좋다.

당신이 쓰게 될 기초적인 방법은 세 단계로 이루어져 있다. 첫째, 질문에 있는 한두 개의 키워드가 당신을 어느 장소로 이끌 것이다. 둘째, 그러면 거기서 질문에 대한 답이 이미지로 나타나게 된다. 셋째, 생생한 상상력을 발휘해 두 개를 연결시켜라.

다음의 예를 보자.

Q: **모르모트의 또 다른 이름은?**

A: **기니피그**

여기서 키워드는 '모르모트'인데 이는 〈반지의 제왕〉에 나오는 모르도르와 발음이 비슷하다. 나는 모르도르를 장소로 사용해 음침한 모르도르에서 커다란 기니피그들이 보초를 서고 있는 장면을 상상한다.

이 방법은 믿을 수 없을 정도로 쉬워 보인다. 문제는 당신이 감당해야 하는 정보의 양이다. 또 다른 어려운 점은 문제에서 핵심 키워드를 고르는 것이다. 종종 필요한 것 이상의 키워드가 보이곤 한다. 숫자와 날짜를 기억하기 위해서는 도미니크 기억법(23, 31, 33단계)을 사용하라. 이름과 사람은 15단계와 47단계를 사용하라.

테스트: 상식 문제와 답

다음 질문에 대한 답을 외워보자. 첫 번째 질문에서 나는 '제빵'과 '헨리 존스'를 키워드로 고를 것이다. 우리 동네 빵집을 상상하고,

다음 페이지로 •----▶

허공에 밀가루 봉투들이 떠 있고, 카운터 뒤에 남자(헨리 존스)가 있다. 이 남자의 이름을 외우기 위해서는 47단계의 기술을 사용한다. 그러면 1845년이라는 날짜는 무시하게 된다. 하지만 내가 '헨리 존스' 대신에 '1845'를 외우기로 선택한다면 복합 도미니크 기억법을 사용해 카운터 뒤의 남자를 작곡을 하는(45=DE=곡을 쓰는 듀크 엘링턴) 아돌프 히틀러(18=AH=아돌프 히틀러)로 바꿀 것이다.

질문	답
1. 1845년 헨리 존스가 발명한 제빵을 도와주는 것은?	셀프-레이징 밀가루 (베이킹파우더가 든 밀가루)
2. 1972년 마리너 9호가 궤도를 돈 행성은?	화성
3. 과학자 크리스티안 하위헌스가 발명한 시계는?	추시계
4. 지난 세기에 세 명의 교황이 거쳐간 해는?	1978년
5. 1989년 영화판 〈배트맨〉에서 배트맨 역할을 한 사람은?	마이클 키튼
6. 각 대륙의 가장 높은 산 중에서 가장 낮은 산이 있는 나라는?	호주
7. 캔버스백은 어느 과의 새인가?	오리

점수: 이제 답을 가리고 몇 개의 질문에 맞게 답할 수 있는지 확인해보자. 공책에 답을 적어라. 어땠는가? 이 단계쯤 되면 모든 질문에 맞게 답할 수 있어야 한다.

이 정도 게임은
식은 죽 먹기

기억력 훈련을 시작하는 데는 너무 이른 때도, 늦은 때도 없다. 나는 어린 시절 차로 멀리 갈 때면 언제나 어머니와 기억력 게임을 하곤 했다. 여행의 지루함을 덜기 위해 했던 거지만 이게 내 장래 직업의 밑거름이 되어준 걸지도 모른다고 생각한다. 어머니는 이 게임을 '해변에 가면'이라고 부르셨다. 늘 '해변에 가면~'이라는 말로 시작하셨기 때문이다.

"해변에 가면 가방에 스노클을 챙겨가지."

그러면 나는 그 문장을 따라한 다음 물건을 하나 덧붙인다.

"해변에 가면 나는 스노클과 선글라스를 챙겨가지."

어머니와 내가 번갈아가며 이전의 목록을 쭉 읊고 매번 새 물건을 하나씩 덧붙이는 것이다. 우리 중 한 사람이 물건을 잊어버리거나 순서를 틀리면 끝나게 된다.

기억력과 게임을 접목한 이런 방식은 집중력 강화와 기억력 향상에 훌륭한 방법이다.

내가 몇 시간씩 즐겁게 하는 또 다른 기억력 게임으로 '짝 찾기'라는 카드 게임이 있다. 오십두 장의 트럼프 카드를 열세 장씩 네 줄로 엎어놓고 상대방보다 짝이 맞는 카드를 더 많이 찾아내는 것이다(에이스 두 개, 7 두 개 등). 참가자는 자기 차례가 되면 카드 두 장을 뒤집어볼 수 있고, 두 장의 짝이 맞으면 획득해 게임판에서 치우고 한 번 더 뒤집을 수 있다. 참가자가 뒤집은 카드가 서로 다르면 원래 자리에 도로 엎어놓고 다음 사람의 차례로 넘어간다. 이전 순서에서 본 대부분의 카드 위치를 기억하고 있는 사람이 가장 많이 짝을 찾아 게임에서 이긴다.

파티에서 많이 하는 인기 있는 기억력 게임이자 보이스카우트 캠프에서도 하는, 러디어드 키플링의 소설 《킴》에 나온 '킴의 게임'도 있다. 여러 변형이 있지만 기본적으로는 게임 진행자로 뽑힌 사람이 조리도구 같은 물건 스무 개를 모아온 다음 쟁반에 놓고 천으로 덮어놓는다. 천을 치운 다음 참가자들이 1분 동안 최대한 많은 물건을 외우는 것이다.

테스트: 킴의 게임

친구와 할 수 있는 좀 더 어려운 버전의 '킴의 게임'이다. 친구에게 집 안에서 스무 개의 물건을 모아 와서 탁자에 놓고 천으로 가려두라고 한다. 천을 치우고 1분 동안 스무 개의 물품을 모두 외운다. 그런 다음 등을 돌리고 친구에게 네다섯 개의 물건을 치워달라고 말하라.

이제 다시 돌아서서 없어진 물건이 뭔지 말해보자.

나처럼 이 물품들을 스무 개의 정거장으로 된 여행 경로에 저장해 둔다면 기억력 훈련을 하지 않은 사람에 비해 훨씬 유리할 것이다.

점수: 이 단계쯤 왔으면 없어진 물건의 이름을 전부 댈 수 있어야 한다. 다 말할 수 있다면 기억력에 대단한 진전을 보인 것이다.

이제 숫자는
두렵지 않다

이 책에서 배웠던 여러 숫자 기술에 관한 복습이다. 숫자를 기억 이미지로 더 빠르게 바꾸기 위한 것으로 우선은 한 자리 숫자에 관한 기억부터 되살려보자.

연습: 한 자리 숫자 변환하기

다음 페이지에는 0부터 9까지 한 자리 숫자 일흔 개가 있다. 목표는 숫자열을 외우는 것이 아니라 숫자 모양이나 발음이 즉각 떠오르게 하는 것이다.

다음 페이지로 ●----▶

한 자리 숫자 목록을 쭉 읽으며 하나하나를 그에 맞는 숫자-모양 (12단계)이나 숫자-발음(13단계)으로 바꿔라. 어느 쪽이든 선호하는 대로 하면 된다(이것은 시각 훈련이기 때문에 개인적으로는 숫자-모양 기억법이 가장 잘 맞았다).

적을 필요는 없다. 그냥 이미지를 상상하고, 도움이 된다면 말로 해도 좋다. 예를 들어 숫자 7을 보면 '부메랑'이라고 말하며 부메랑의 이미지를 떠올리는 것이다. 처음에는 천천히, 숫자를 차례로 읽으면서 머릿속에 이미지를 떠올려라. 그러다가 변환 과정이 자동적으로 되기 시작하면 속도를 점점 높여라. 목표는 각 숫자를 보면 즉시 이미지가 머릿속에 떠오르는 단계까지 도달하는 것이다.

2	4	3	9	7	1	0
5	7	1	1	4	2	8
7	3	5	4	6	0	9
1	0	2	8	0	4	7
8	1	6	2	2	5	5
3	2	8	7	9	6	6
9	6	7	5	8	7	7
1	9	4	3	5	8	4
0	5	0	6	3	9	2
7	4	9	0	1	3	3

멈춤

이제 이 연습을 다시 한 번 해보되 속도를 조금 더 높여보자. 이번에는 5분 안에 모든 숫자를 완벽하게 바꿀 수 있어야 한다.

_두 자리 수 변환

도미니크 기억법(23, 31, 33단계)을 완벽하게 익혔다면 두 자리 숫자 00부터 99까지도 사람과 각자의 행동이나 소품으로 떠올릴 수 있어야 한다. 다음은 숫자를 도미니크 기억법의 캐릭터로 바꾸는 연습을 하기 위한 것이다.

연습: 두 자리 숫자 변환

아래에는 두 자리 수 00부터 99까지가 무작위로 배열되어 있다. 우선 목록을 읽으며 각각의 두 자리 숫자를 사람으로 연상해보라. 행동이나 소품은 잠시 후에 한다. 이번에도 역시 쓸 필요는 없다. 목록의 숫자를 외우려는 게 아니니까. 그저 각각의 두 자리 숫자들의 캐릭터 얼굴을 떠올려보라.

08	14	51	07	17	74	78	69	10	36
16	68	66	33	99	12	39	53	09	85
91	93	47	76	28	25	42	80	63	98
24	87	82	92	21	62	06	59	29	97
35	77	94	88	05	13	45	44	95	61
72	26	34	90	40	60	55	15	30	79
50	56	43	19	49	27	70	84	46	54
11	20	67	03	58	83	38	04	31	18
37	65	00	89	71	22	86	01	23	64
32	96	57	41	73	75	02	81	48	52

다음 페이지로 ●┄┄┄▶

이제 캐릭터의 얼굴이 모두 머릿속에 떠올랐다면, 목록을 다시 보면서 가능한 한 상세하게 이 인물들이 소품을 들고 있거나 자신만의 독특한 행동을 하는 장면을 상상하라. 매일 몇 분 동안 연습을 해 두 자리 숫자가 자동적으로 사람으로 '보이도록' 만들어라.

테스트: 복합 도미니크 기억법 연습하기

4단계에서 파이의 소수점 아래 몇 자리를 외우는 기억법을 알려준 바 있다. 이번에는 여행법과 복합 도미니크 기억법을 사용해 파이를 소수점 아래 스무 자리까지 외워보자.

$$3.14159265358979323846$$

다섯 정거장으로 된 여행 경로를 만들자. 그런 다음 복합 도미니크 기억법을 사용해 숫자 네 개씩 사람 한 명과 행동이나 소품으로 된 복합 이미지로 변환해 5분 동안 외우자. 다 됐으면 공책에 숫자를 다시 적어보라.

점수: 52단계 프로그램의 거의 끝에 도착했으니까 파이의 소수점 아래 스무 자리까지 전부 다 정확하게 외울 수 있을 것이다.

숫자를 복합 이미지로 변환하는 걸 좀 더 훈련하고 싶다면 37단계에 있는 연습(161페이지 참고)을 계속 반복하라.

내 기억력은
이제 어느 정도일까?

1단계에서 훈련하지 않았을 때의 기억력이 어느 정도인지 여러 테스트를 통해 측정해보았다. 이제 마지막에 도착했으니 기억력이 얼마나 향상되었는지 확인해보자.

이 단계에는 총 여섯 개의 테스트가 있다. 12페이지의 1단계에는 다섯 개의 테스트가 있었으니까 1단계의 총점과 52단계의 총점을 그대로 비교하기는 어렵다. 하지만 각각의 테스트 점수를 서로 대조해보면 당신의 기억력이 어느 정도 나아졌는지 나름 확인할 수 있다.

자, 이제 시작이다.

테스트 1: 단어

3분 동안 아래의 단어 스무 개를 외운 후 책을 덮고 가능한 한 많은 단어를 공책에 적어보자. 순서는 중요하지 않다. 정답 하나당 1점씩이다.

소녀   로프   케이크   이파리   말   수염

설탕   스카프   말뚝박기   부전나비

산세베리아   남생이   바나나   화살   시계

연어   벽돌   책   의자   라디오

테스트 2: 숫자 배열

3분 동안 아래 스무 개의 숫자 배열을 외운 후 책을 덮고 순서대로 공책에 다시 적어보자. 맞은 숫자 하나당 1점씩이다. 1단계와 마찬가지로 여기서도 '틀리는 순간 끝'이다. 스무 개의 숫자를 전부 기억했지만 일곱 번째 숫자가 틀렸다면 점수는 6점이다.

3 8 7 0 3 3 5 5 6 2

3 4 9 1 9 9 4 2 8 1

테스트 3: 이름과 얼굴

3분 동안 다음 열 명의 이름과 얼굴을 외우자.

김남중   나원희   한상만   이성희   최원일

조다원   박문기   문도일   차영재   고현정

이제 위의 이름과 얼굴을 가리고 아래 순서가 바뀐 열 개의 얼굴을 보며 각 사람들에게 맞는 이름을 적어보자. 맞게 쓴 성 하나당 5점, 맞은 이름 하나당 5점씩이다.

테스트 4: 트럼프 카드

3분 동안 다음 열 장의 카드를 외운 다음에 정확한 순서를 기억해 보자. 테스트 2에서의 숫자 순서처럼 이것 역시 '틀리면 끝'이다. 틀릴 때까지 정확하게 기억한 카드 한 장당 1점씩이다.

테스트 5: 도형

3분 동안 다음 열 개의 도형을 순서대로 외워보자.

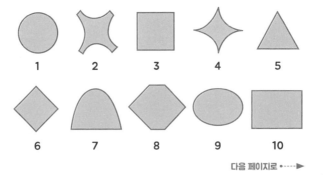

다음 페이지로 •----▶

이제 새로운 순서로 도형들을 늘어놓았다. 옆을 가리고 원래의 순서대로 번호를 붙여보자. 번호가 맞은 도형 하나당 1점씩이다.

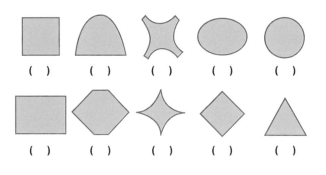

( )   ( )   ( )   ( )   ( )

( )   ( )   ( )   ( )   ( )

테스트 6: 이진수

3분 동안 아래 서른 개의 이진수 배열을 외운 후 공책에 틀릴 때까지 최대한 많은 숫자를 다시 써보자. 맞게 쓴 숫자 하나당 1점씩이다. 역시나 이것도 '틀리면 끝'이다.

1 1 0 0 0 0 0 1 1 0 1 1 1 0 1

1 0 0 1 1 0 1 0 1 0 1 0 0 1 1

점수: 이제 여섯 개의 테스트 점수를 전부 다 더한 총점을 계산하라.
최고점:190   **초급**:40+   **중급**:105+   **고급**:170+

끝맺는 말

당신이 이 책을 읽은 이유는 이름과 얼굴, 쇼핑 목록이나 생일, 전화번호나 비밀번호를 잘 못 외워서일 수도 있다. 아니면 그냥 전반적으로 이것저것 잊어버리는 것 같아 걱정이 되었기 때문일 수도 있다. 이유가 무엇이든 간에 이 책의 52단계를 거치며 기억력을 개발하고 훈련하는 과정이 즐거웠기를 바란다.

기억력 훈련에는 무수한 장점이 있다. 실용적인 이점은 둘째 치고 기억력이 전반적으로 나아지면 자신감까지 얻게 된다.

학창시절 암기에는 젬병이었기 때문에 장래에 내가 세계 대회 1등을 해 기억력 챔피언이 된다는 것을 상상조차 해본 적이 없었다. 사실 공부하고 지식을 습득하는 게 하도 어려워 나는 합법적으로 학교를 다니지 않아도 되는 나이인 열여섯 살에 곧장 그만뒀다. 지금 와서 많은 사람들이 내가 날 때부터 기억 능력을 타고났다거나 사진기억능력(photographic memory, 사진을 찍은 듯 생생하게 기억하는 능력)을 갖고 있었을 거라고 생각한다는 게 참 얄궂은 일이다. 그 어느 쪽도 사실이 아니다. 늘 말했듯이 훈련으로 이런 기억력을 키웠다. 아이가 있다면 이 기술을 가르쳐서 좀 더 효율적으로 공부할 수 있게 해주자.

기억은 우리가 누구인지를 알려주기에 아주 중요하다. 기억을 못하면 우리 삶은 혼란 그 자체가 될 것이다. 기억력 훈련은 미래의 정신 건강을 지키기 위한 투자가 되기도 한다. 나는 '쓰지 않으면 사라진다'는 학설을 강력하게 믿는다. 매일 시간을 조금씩이라도 내서 이 책에 실린 연습과 테스트를 반복하거나 자신에게 맞게 고쳐서 해보아라. 책상에 앉아 연습할 필요는 없다. 밖에 있을 때도 건물 번호, 길거리 이름, 심지어 자동차 번호판을 외우며 기술을 사용하는 습관을 들여라. 나는 숫자만 보면 자동으로 이미지로 바꾸곤 한다. 누군가가 나에게 전화번호를 말해주면 허둥지둥 펜이나 종이를 찾지 않고 그러면서도 소개받은 사람의 이름을 잊어버려 당황하는 경우도 없다.

나에게 가장 효과적인 기술이자 매일 사용하는 방법은 바로 여행법이다. 지금쯤은 당신도 여러 정보를 순서대로 외우는 데 사용하기 위해 좋아하는 여행 경로를 하나둘쯤 갖고 있을 것이다. 열심히 훈련을 하면 여행법을 사용해 엄청난 기억력을 선보일 수도 있다는 사실 역시 깨달았을 것이다. 어쩌면 당신이 언젠가 기억력 챔피언이 될 수도 있다. 가능하다는 생각이 들면 계속 연습을 하라. 우리가 세계 기억력 챔피언이라는 타이틀을 놓고 싸우게 될 수도 있으니까.

52단계 과정을 모두 끝낸 것을 축하한다! 당신의 남은 평생 얻게 될 보상을 마음껏 즐겨라.

도미니크 오브라이언의 기억력 연습 노트

뇌가 섹시해지는 책

초판 1쇄 발행 2015년 5월 12일
개정판 1쇄 발행 2022년 10월 11일

지은이 도미니크 오브라이언
옮긴이 김지원
펴낸이 이범상
펴낸곳 (주)비전비엔피 · 비전코리아

기획 편집 이경원 차재호 김승희 김연희 고연경 박성아 최유진 김태은 박승연
디자인 최원영 한우리 이설
마케팅 이성호 이병준
전자책 김성화 김희정
관리 이다정

주소 우)04034 서울특별시 마포구 잔다리로7길 12 (서교동)
전화 02)338-2411 | **팩스** 02)338-2413
홈페이지 www.visionbp.co.kr
이메일 visioncorea@naver.com
원고투고 editor@visionbp.co.kr
인스타그램 www.instagram.com/visionbnp
포스트 post.naver.com/visioncorea

등록번호 제313-2005-224호

ISBN 978-89-6322-190-8 03320

· 값은 뒤표지에 있습니다.
· 잘못된 책은 구입하신 서점에서 바꿔드립니다.

도서에 대한 소식과 콘텐츠를
받아보고 싶으신가요?